本书出版得到成都医学院学术著作出版基...

联盟价值共创的高校医学图书馆学科服务实践与创新

主　编　张　容
副主编　吕茜倩　冉　黎　张沁兰
编　委　李勇文　丘　琦　易雪媛
　　　　伍　利　曾满江　杨　莉
　　　　吴丽娟　夏　莹　沈　博
　　　　贺映兰

四川大学出版社
SICHUAN UNIVERSITY PRESS

项目策划：梁　平
责任编辑：梁　平
责任校对：傅　奕
封面设计：璞信文化
责任印制：王　炜

图书在版编目（CIP）数据

联盟价值共创的高校医学图书馆学科服务实践与创新／
张容主编 ． 一 成都 ：四川大学出版社，2021.8（2024.6 重
印）
ISBN 978-7-5690-4853-7

Ⅰ．①联… Ⅱ．①张… Ⅲ．①医学院校－院校图书馆
－图书馆服务－研究 Ⅳ．① G258.6

中国版本图书馆 CIP 数据核字（2021）第 169410 号

书名　联盟价值共创的高校医学图书馆学科服务实践与创新

主　　编	张　容
出　　版	四川大学出版社
地　　址	成都市一环路南一段 24 号（610065）
发　　行	四川大学出版社
书　　号	ISBN 978-7-5690-4853-7
印前制作	四川胜翔数码印务设计有限公司
印　　刷	永清县晔盛亚胶印有限公司
成品尺寸	170mm×240mm
印　　张	12.5
字　　数	238 千字
版　　次	2021 年 9 月第 1 版
印　　次	2024 年 6 月第 2 次印刷
定　　价	78.00 元

◈ 读者邮购本书，请与本社发行科联系。
　电话：(028)85408408/(028)85401670/
　(028)86408023　邮政编码：610065
◈ 本社图书如有印装质量问题，请寄回出版社调换。
◈ 网址：http://press.scu.edu.cn

四川大学出版社
微信公众号

前　言

伴随社会的进步与信息技术的创新，图书馆学科服务的内容与方式也在不断深化及扩展，专业化、个性化的学科服务已经成为当前高校图书馆提升服务水平、助力教学科研的一种重要手段。医学专业知识内容纷繁复杂，学科发展迅速，各类突发公共卫生事件对医学学科服务提出了更高的要求。高校医学图书馆的学科服务必须与时俱进，需要形式多样、内容创新的各种学科服务模式相配合，也更需要建立资源、人才、服务共享的医学学科服务联盟。本书全面梳理医学图书馆学科服务的理论前沿，以"实践、创新、融合、共创"为原则，以医学图书馆基于联盟价值共创开展学科服务为目标，既重视理论设计又注重实践探索，具有客观性、前瞻性与可参考性，希望能为其他图书馆开展学科服务提供有益借鉴。

本书共五章，第一章概述联盟价值共创与学科服务概念，并进行学科服务纵深发展的 SWOT 分析，提出了关于学科服务区域辐射的创新思路；第二章从学科服务供需角度，借鉴经典模型设计了两种联盟价值共创的新型学科服务模式；第三章详细介绍了支撑学科服务的文献资源建设与文献检索工具；第四章依托医学图书馆学科服务实践，介绍了六个具体的学科服务案例；第五章从智慧图书馆、医学信息敏感度、养老与老年健康三个领域提出了学科服务趋势与展望。

张容设计本书内容体系架构，对全书进行统稿，并负责编写第一章第一节至第三节、第三章第二节；吕茜倩负责编写第一章第四节和第五节、第四章第三节、第五章第二节和第三节；冉黎负责编写第三章第一节及第四章第一节、第二节、第四节、第五节；张沁兰负责编写第二章、第四章第六节、第五章第一节；曾满江、丘琦、易雪媛、伍利、杨莉、吴丽娟、夏莹、沈博、贺映兰参与辅助编写工作；李勇文负责全书校对。

本书系四川省社会科学规划项目"健康养老领域知识图谱的构建研究"（SC21B035）和四川省文化厅和旅游厅项目"区域合作联盟模式下健康信息情报服务研究"（WHTTSXM〔2020〕12）阶段性成果。同时本书出版得到成都医学院学术著作出版基金资助。

　　本书在编写过程中得到了成都医学院图书馆王伦安馆长的大力支持与帮助。四川大学出版社编辑老师为本书的出版提供了帮助。在此向王伦安馆长及各位参编人员、被引文献作者等表示衷心感谢！

　　限于编者的学识与水平，书中难免有错漏不当之处，希望读者不吝赐教、批评指正！

编　者

目　录

第一章　概述

第一节　联盟价值共创简介

一、图书馆联盟理论

现代社会科技发展日新月异，人工智能、云计算、大数据、互联网技术等不断改变人类生活。5G 时代的来临让万物互联成为现实，为图书馆间的合作与资源共享提供了广阔和高效的传播渠道。现代图书馆通过将本馆数据与信息资源整合，并与其他图书馆形成联盟体系达到资源共享，从而实现知识服务的价值共创。

"Consortium" 来自拉丁语，其意思是"伙伴"。《美国传统字典》将其解释为群体或学会组织之间的互助关系。图书馆界将 Consortium 和 Library consortium 译作图书馆联盟。图书馆联盟是通过在图书馆间建立契约关系，实现资源共建共享的非营利组织。

（一）图书馆联盟特点

（1）合作性。图书馆联盟是多个图书馆基于契约或协议开展的合作关系。这种合作伙伴关系建立在成员馆之间的共同目标和意愿基础之上。

（2）共建与共享性。联盟成员馆可以通过馆际互借，实现各成员馆资源的共建与共享。通过整合各成员馆的资源，举众馆之力，提高资源利用率，最大限度地满足用户需求。

（3）独立与统一性。图书馆联盟既独立又统一地开展相关服务工作。其独立性表现在，图书馆联盟由独立的成员馆组成，每一个成员馆是独立的主体，其业务工作和馆藏资源是独立于图书馆联盟的。而联盟馆的各成员馆资源互通

1

有无，共建共享，就是统一性的表现。辩证唯物主义的整体与部分理论认为通过整合独立个体优势，从而使得整体利益最大化，同时也让个体利益最大化，这就是著名的 $1+1>2$ 的效用。互联网时代，没有任何一个馆的馆藏资源可以全方位满足用户需求，而图书馆联盟基于各成员馆的协作共建，利用较少的成本最大限度地满足用户个性化文献需求。

（4）非营利性。图书馆联盟创办的初衷是联合成员馆发挥群体优势，以满足读者日益增长的个性化文献需求。其目的不是以市场为导向的运营收益，因此图书馆联盟是非营利性的组织。它的经济效益主要体现为成员馆之间价值共创，同时避免重复资源建设而导致的资金浪费。

（二）图书馆联盟的类型

图书馆联盟的类型繁多，目前没有广泛适用的统一标准，只能从某些方面来比较，从而把相同种类的联盟划分为一种类型。每种类型的联盟都是各成员馆在信任基础、文化共识、有效监督体系三大要素前提下建立的，目的是共享资源，利益互惠，促进图书馆整体发展。我国的学者对图书馆联盟也进行了不同的划分，主要从地理范围、组织结构和成员性质来进行划分。

（1）图书馆联盟按地理范围来分类，主要可以分为三种，分别为地区性图书馆联盟、全国性图书馆联盟和国际性图书馆联盟。联盟成员一般限定于同一区域内，多以省、州、市级区域的名称为开头命名的为地区性图书馆联盟。上海地区文献资源共建共享协作网、江苏高等教育文献保障系统、武汉城市圈图书馆联盟等都是比较典型的地区性图书馆联盟。以国家名称命名的一般为全国性图书馆联盟，如中国高等教育文献保障系统（China Academic Library & Information System，CALIS）就属于全国性图书馆联盟。

（2）图书馆联盟按组织结构主要分为集中型和松散型。集中型图书馆联盟是指具有正式的组织名称、规章制度，由占主导地位的图书馆或专门机构与一些相对固定的成员组成的关系稳定的联盟。一般需要用协议或者签订合同来规范联盟成员馆，这种联盟的优点是有固定的组织机构、统一的领导队伍、稳定的资金保障、丰富的服务项目，但缺乏一定的灵活性。松散型图书馆联盟是指没有正式的组织机构，一般不需要专职人员来负责管理协调工作，缺乏统一的领导队伍和财政保障，对联盟的成员馆没有较大的权利和义务，由于没有严谨的规章制度，弹性较大，服务项目较少。这种联盟的优点是响应速度快、机动性强、安排比较有弹性，无须投入太多的人力物力。

（3）图书馆联盟按成员馆联合的形式可以分为纵向联盟和横向联盟。纵向联盟是指各成员馆同在一个专业系统内结成的联盟。如由科技部联合多个政府职能部门成立的国家科技图书文献中心（National Science and Technology Library，NSTL）。横向联盟是指各成员之间不在同一个系统内，为了某一个共同的目的而进行联合文献服务。如国家哲学社会科学文献中心，由中宣部指导，社科院牵头，教育部和国家新闻出版署等相关部委配合，其他社科机构参与，共同建设和管理，依托社科院图书馆开展具体工作。

二、价值共创理念

价值共创理论起源于经济学，其研究成果也多见于经济学领域。研究聚焦于如何利用价值共创理论提高企业服务能力与创新能力，提升用户体验，促进企业品牌价值，从而帮助企业形成强有力的核心竞争能力。价值共创理论以生产者与消费者在共同行为中产生有益于自身价值的同时也为对方带来价值为核心观点，即价值共创或价值共享。这一观点适用于很多领域的相关研究，例如不少学者将其应用于电子商务、旅游产品开发、知识服务、教学实践等文化科学领域。

（一）价值共创理论的内涵

19 世纪，学者 Storch 认为服务是由服务提供者和服务接受者即顾客共同参与的过程。同时有关学者认为顾客在服务过程应该可以创造出相关的价值即参与价值共创。这也与 Prahalad 和 Ramaswamy 提出的多个利益相关者共同创造价值的观点相切合。

价值共创分为狭义与广义概念。狭义的价值共创理论是企业与顾客在相互交换过程中对使用价值的共创；广义的价值共创是指顾客参与企业多方面业务，包括产品的设计、研发、生产等方面，从而达到双方价值共创共享。

（二）以服务主导逻辑的价值共创理论

Vargo 和 Lusch 提倡的服务主导逻辑价值共创理论，将消费者视为资源的整合者，其在消费产品和服务的使用过程中产生体验感、满意度反馈等相应的价值。服务活动是市场活动的主体，企业可以依据消费者需要，提供个性化服务体验，从而进一步创造更大价值，这就使得企业在生产领域、消费者在消费领域，共同创造价值。

以服务为主导逻辑的价值共创主要有三大特点：①服务是产生共同价值的基础。②企业和消费者是价值共创承担者。③共同创造的价值是消费者在使用产品中获得的使用价值。在以服务主导逻辑的价值共创活动中，企业拥有产品资源、自然资源等有形资源，而顾客拥有知识、技能、经验等无形资源，双方在共同价值创造过程中都无法独立而只能互为依托，彼此依存。

第二节　高校医学图书馆学科服务现状分析

随着互联网时代不断深入发展，图书馆用户信息需求不断向数字化、网络化、移动化发展，图书馆业务工作面临着前所未有的挑战。高校图书馆利用馆员学历与资源优势培养了一批不仅具有较高检索能力还熟悉某几个学科专业知识的图书馆馆员，开展更深入的知识服务，由此产生了学科馆员。学科馆员的产生推动着图书馆知识服务的不断发展，进而产生了学科服务。

学科服务是图书馆从重藏书向重服务转型的产物，以高校图书馆居多。国内高校图书馆学科服务经过近几年的发展，已然从最初的引进学习阶段进入了深化完善阶段。而医学专业有其自身特殊性，医学院校以为国家和社会培养医学人才为教学目标，医学图书馆则为医学生、教师及科研人员提供信息资源支撑。医学图书馆在服务学科建设和人才培养过程中要关注学科的基本特征及其特殊性，探索有针对性、适用性的学科服务，尤其在当下数据信息飞速膨胀的时代，为广大用户提供多元化、多维度的学科服务，正是医学图书馆面临的机遇与挑战。

一、学科服务概念与现状分析

图书馆长期以来一直承担着收集、整理和提供使用图书三项基本功能。而高校图书馆依附大学而设立，这就决定了图书馆要服从于高等学校的基本职能，必须为教学和科研而服务，承担着为社会主义现代化建设培养高素质人才的基本任务。所以高校图书馆有别于其他类型图书馆，具有教育、专业信息情报整合与传递、协助高校学科建设与发展等其他馆不具备的职能，并在职能延伸与发展过程中，逐渐形成了特有的"学科服务"项目与"学科馆员"制度。

1998年，我国图书馆界"学科馆员"制度产生，学科服务伴随着"学科馆员"制度而产生，多年来学者们从不同角度、不同领域、不同维度等方面试图对其进行全面而科学的定义。初期是学科馆员针对某一领域、某一特定师生开展的一系列服务工作。2003年国内学者张晓林指出：学科服务使信息服务"学科化"（而不是阵地化），使得服务内容知识化（而不是简单的文献检索与传递)。中国科学院国家科学图书馆的李春旺教授在《学科化服务模式研究》中也论述了学科服务是高校图书馆服务于教学与科研的主要手段，首次明确了"学科服务"是高校图书馆业务工作的核心。而学者唐淑香结合高校图书馆学科服务特点，将其定义为：高校图书馆按照院系、学科、专业、项目、课程等来组织人力和资源，以用户需求为中心，以学科馆员为实践主体，以个性化、专业化、知识化服务为手段，以提升用户信息获取与利用能力为目标，为广大师生教学及科研的自主创新提供有力的信息保障。至 2005 年，清华大学更名学科馆员组为学科服务组，这之后，复旦大学、东南大学、上海交通大学等不少高校也陆续推出了"学科服务"，更加深入认识与强化了学科服务的职责，引发了高校图书馆传统服务模式与服务质量的重大变革。"学科服务"经过多年业内人士的认识与探讨，在 2008 年"学科服务创新与深化"高级论坛中，初景利教授给了"学科服务"一个综合性的定义：从理想的模式与机制的角度而言，学科馆员的服务不仅仅是一种服务，也不仅仅是用户联络、参考咨询、用户培训、学科资源建设，它不是众多图书馆服务中的一种，而是站在用户的角度，从用户的利益出发，顺应用户的行为，调动全馆以及所有可能的人力、物力、财力资源，融入用户物理或虚拟社区，以知识服务为手段，为用户构建一个适应其个性化信息需要、适应其学术交流需要的信息保障环境。

目前国内高校图书馆在学科服务方面的实践工作主要在"985 工程"和"211 工程"院校中成效较为明显，例如清华大学、华中科技大学、电子科技大学等已建立学科服务的相应管理协调机制，并且有较为成熟的学科服务团队。清华大学图书馆主页显示的学科馆员有 27 名，华中科技大学有 26 名，按照馆员的专业与学院对口进行设置，服务内容主要涉及院系联络、学科资源建设、信息素养教育、学科情报分析、学科规划等。一些声望较高的高校图书馆利用自身影响，也正在不断扩展学科服务范围、提升学科服务内涵，多以数据库平台或开放智库等形式提供信息服务。例如北京大学图书馆建设了开放研究数据平台，提倡科研数据共享，平台涉及北京社会经济发展调研信息、中国家庭追踪调查信息以及中国老年健康影响因素调查等。清华大学图书馆也建立了中国经济社会数据中心等平台，为首都地区发展提供情报助力，带来社会效益。

综上所述，经过近几年的发展，国内高校图书馆在学科服务方面已经向更广泛、更多元和更深入的层次迈进，理论研究和实践经验均取得了一定成效，成为高校图书馆服务创新、助力学科建设的最大亮点之一。但基于医学专业自然性与社会性、实践性与探索性、学科知识的系统性与个体性、实践过程的风险性与职业道德相结合等基本特征，对于医学学科服务而言，就需要有别于一般学科服务。一般学科服务的模式、内容、经验可能不一定适用于医学图书馆。目前国内医学图书馆的学科服务，除了北京大学医学部、同济大学医学院、浙江大学医学院等综合性大学的医学院，其他独立建制医学院校图书馆在学科服务方面还有不少努力空间，而且在不同地区之间存在差距，参差不齐。一些突出而又集中的问题表现在：首先，很大一部分医学院校图书馆在其官网的服务内容中并未显示"学科服务"项目，例如天津医科大学图书馆、哈尔滨医科大学图书馆、大连医科大学图书馆等，而即便有设置"学科服务"栏目的图书馆，提供信息量不多，且学科馆员信息公开不够；其次，某些提供学科服务的医学院校图书馆并无专门的学科服务部，其学科服务团队属于挂靠型组织，专兼职的学科馆员分散于图书馆各个部门或者专业分馆，例如首都医科大学图书馆的学科馆员来自信息咨询部、流通阅览部、系统部、采访编目部等各部门，重庆医科大学图书馆的内科学、儿科学等临床重点专业学科馆员分布在附属医院或者儿童医院；再次，从亲身实践经历来讲，学科服务受重视程度不高，大部分学科馆员很难得到用户的接受和认可，学科服务内容很难达到一定深度，致使学科服务的效果不很理想；最后，是医学院校图书馆普遍存在的问题，即学科服务受众范围窄，除了本校师生或附院人员，并没有发挥医学信息专业优势，也没有对周边或社会起到良好的医药、卫生、健康信息带动作用。

相比较而言，发达国家医学院校图书馆的学科服务，覆盖范围更加广泛，服务内容更加深入，基本上涵盖了健康信息宣传、医学卫生数据库建设及纸质资源获取三个方面，值得我们借鉴。在健康信息宣传工作中，美国、澳大利亚、新西兰等国家医学院校图书馆面向社会普通公众开展健康公益性服务，其中包括在移动软件、社交网络平台等支持下提供公益性的临床决策支持、患者教育及预防医学等服务。在医学卫生数据库建设方面，国外医学院校图书馆更加充分发挥了其具有医学专业背景的学科馆员的作用，例如英国医疗卫生图书馆学科馆员通过全面搜集和整理医疗卫生领域的各种信息资源，建立临床知识体系、医学研究信息、卫生保健数据等，为本国医疗领域从业人员提供个性化知识推送服务；而巴黎第五大学医学图书馆更是与国家卫生部门合作，向公共卫生数据库提供医学数据支持；美国得克萨斯大学 Moody 医学图书馆专门建立了生命健康信息支持中心，为本地区的医学信息资源共享做出贡献。在公众纸质资源获取服务上，美国、日本、英国、澳大利亚等国家的医学院校图书馆将本馆的医学、健康信息资源面向社会，提供各种形式的阅览与外借服务，例如梅奥医学院、东京大学、杜克大学等医学图书馆对公众提供馆内专业书籍的阅览服务，剑桥大学医学图书馆为国家医疗服务系统与医疗研究院剑桥地区的医学工作人员提供精准的馆藏借阅服务。从以上服务内容可以看出，国外医学图书馆的学科服务与专业深度契合，能够最大化发挥学科馆员的专业价值，并对学校周边地区甚至是国家范围内的相关工作人员与普通民众起到很好的健康、卫生、医疗信息传播作用。

自 2016 年"健康中国"战略的提出，健康信息服务迅速获得了全社会的关注，医学图书馆肩负重任，积极应对国家发展提出的要求，在探索开展健康信息服务方面有了深入思考与探讨。很多业内学者参照国外实践，探讨医学图书馆开展公众健康信息服务的必要性及可行性，从理论层面建立图书馆健康信息服务影响力评估框架，为后续实践提供思路；也有一些研究人员从案例出发，调查美国与我国图书馆的健康信息服务现状，探查我国内地健康知识服务平台存在的问题等，提出开发公众健康知识服务平台的设想，并建议专题化信息服务的开展。因此，在当前"全民大健康"有利政策下，医学图书馆作为医学信息汇聚中心、医学知识传播中心、交流中心及科研中心，应积极应对时代发展提出的要求，发挥自身资源特色和服务优势，转变服务理念，创新服务模式，主动"走出去"，适应用户需求的持续变化，推动医学信息服务转化为社会效益，促进卫生事业全面协调可持续发展，助力"健康中国"建设，挖掘医学图书馆的潜力与价值。

高校图书馆作为高校文献资源建设中心，不仅承担了师生教学资源服务，还为高校学者开展科学研究提供文献资源服务。基于此，对于专业性较强的医学院校图书馆，其学科服务的群体、内容、方式等诸多方面更具有挑战性。在此，可以将医学院图书馆学科服务定义为：发挥学科馆员医学专业知识，利用现代化学科服务工具，融入院系、科研团队、教学团队，深度挖掘用户需求与行为，以提升用户医学信息素养为基点，不断为师生教学科研、临床实践、创新探索等主动提供个性化知识服务。

二、医学图书馆学科服务的要素

依据医学图书馆学科服务的定义，其学科服务要素可以概括为：学科馆员、学科服务对象、学科服务工具、学科服务方式。这四要素相互关联，互为补充，相互作用，确保学科服务工作有序开展。

（一）学科馆员

学科馆员既是学科服务工作的主要承担者，也是学科服务实践主体，同时还是图书馆资源的推广者。作为一名医学学科服务馆员不仅需要具备超强的信息获得能力，掌握服务相关专业的学术知识，还要满足基础医学、临床医学、护理等不同专业需求，只有这样才能成为一名优秀的学科馆员。医学图书馆学科馆员应储备较强的医学知识，这就要求医学图书馆加强人才队伍的培训，不断提升人才队伍医学知识储备，丰富知识结构，建设一支具有较强医学文献感知能力、医学学科前沿捕捉能力、信息化工具应用能力的高素质医学学科馆员人才队伍。

（二）学科服务对象

读者是图书馆服务的对象，是文献信息资源的使用者，通常也被称为文献信息用户。广义的读者是通过一定方式获得认证，具有使用图书馆资源的社会成员，因此个人、单位和集体都可以成为图书馆学科服务的对象。

医学院校图书馆以服务、研究为其定位，以临床、教学、科研及管理人员为其主要用户群体。依据医学图书馆用户群体特点，可将其学科服务对象分为教师、学生、临床医师、管理者、社会读者等。同时还可根据每一群体专业方向不同，再具体划分。

（三）学科服务工具

学科服务工具是指学科馆员为满足读者个性化文献需要，所使用的各种文献信息搜集、加工、分析、展示工具。互联网时代使得移动技术、数据挖掘技术以及社交网络技术不断渗透到人们的生活、学习和工作中。社交软件、新媒体、数据挖掘等新技术也被应用到学科服务工作中，不断地丰富了学科服务工具。高校学科服务工具大致包括以下几类：①新媒体：QQ群、微博、微信公众平台、邮箱等。②数据库平台：电子图书服务平台、中外文数据库、视频资源数据库、自建特色数据库等。③学科服务平台：自建学科服务平台、商业化学科服务平台和学科增值服务平台等。④统计分析软件：CiteSpace、SPSS、UCINET、Bicomb等软件。

（四）学科服务方式

图书馆学科服务方式是指为满足读者个性化文献需求，而使用的各种文献信息服务方式和手段。高校图书馆学科服务方式通常包括图书和报刊等文献资源的推广、参考咨询服务、数字资源的网络信息服务等。这些服务方式相互渗透、互为补充，共同发展。

三、医学图书馆学科服务的分类

2019 年 12 月，"2019 医学图书馆建设馆长论坛"在香港中文大学（深圳）图书馆召开。上海交通大学医学馆馆长仇晓春从四个用户群体分析了医学图书馆未来发展的方向：首先服务于临床医师，其次服务于师生的教学，再次服务于科学研究，最后服务于学校管理层的决策。这不仅概括了医学图书馆的服务群体，还是其学科服务业务的高度总结。基于以上理论，可将医学图书馆学科服务分为以下几类。

（一）支"教"学科服务

图书馆针对教学而开展的学科服务工作主要体现为对学生人文素养、人文精神的培养以及支持教师的教学和学生的学习。其具体措施有：①依据医学生的专业特点开展人文素养阅读文化节。②依据学校专业课程设置建立教学参考库。③利用图书馆创客空间支持大学生创新工作。④开展医学信息素养培训工作。

（二）支"研"学科服务

医学院和医院都是知识密集型机构，承载着科研任务。图书馆的核心任务就是要保障科研过程中对文献资源的需求。支持研究工作开展的学科服务包括：①依据学校办学特色合理配置电子资源。②开展课题查新工作。③开展论文查收查引工作。④定题检索服务。⑤学科前沿态势信息推送。

（三）支"管"学科服务

支"管"学科服务即支持学校管理层的决策服务。图书馆利用文献计量学工具以及数据挖掘技术为学校的学科评价、科研现状、人才评估等方面提供科学的数据支持。其业务包括：①ESI 学科评估报告。②学校科研分析报告。③学科认证评估报告。④学者库打造及人才队伍辅助建设。

（四）支"医"学科服务

由于很多医学院校都有附属医院，所以图书馆学科服务还要面向一线的临床医师。针对这一群体，图书馆开展的学科服务有：①引进循证医学资源库，支持临床工作。②利用统计分析软件开展流行病学分析工作。③开展远程学科服务，方便医师获取资源。

第三节　联盟价值共创的高校医学图书馆
交互式学科服务探索

图书馆学科服务工作是图书馆为用户提供服务以及用户利用图书馆资源与服务的过程，这不仅有服务主体图书馆参与，还有接受服务的读者参与其中。学科服务中的图书馆和读者之间的关系类似于企业和消费者之间相互合作共同受益的关系，从而实现价值共创。基于此，图书馆在开展学科服务时，引入价值共创理论，在读者与图书馆间建立平等、互助、合作、服务共享、知识与价值共创的双赢关系。同时由于互联时代的不断深入发展以及5G时代的到来，各图书馆之间更应加强资源与服务的深度合作，建立以知识服务为主体的联盟，从而突破地域、空间、时间限制，更好地为读者提供切实有效的服务。

一、联盟价值共创下的交互式学科服务

图书馆学科服务旨在为读者提供有价值的知识服务，实现价值共创。交互式学科服务的整个过程可以视为图书馆与读者互动互助的交互式过程，就是图书馆组织学科馆员为相关学科用户提供对口服务的一种工作机制。并且在学科服务的不同阶段二者所扮演的角色不同。学科服务的初级阶段，图书馆是信息的接受者而读者是提出相关信息的需求者。随后图书馆向读者提供其所需的知识服务，而二者进行了角色的转化。学科服务工作在图书馆与读者的角色交互式转化中得以推动与发展。

交互式学科服务是一种全新的学科馆员服务模式，更注重读者的体验。它面对特定学科领域，基于学科需求，以交互式的服务流程为平台，以个性化、知识化、泛在化服务为手段，以提升用户信息获取与应用能力为目标，通过图书馆信息资源搭建用户与学科之间的桥梁，为科学研究提供全方位信息保障环境的个性化信息服务。同时，交互式学科馆员服务以知识服务为主要趋势，是建立在知识基础上的知识组织、集成、分析、重组、再创造。它为用户提供的不是知识碎片，而是知识化的解决方案。随着交互式学科馆员服务过程的知识化和服务产品的知识化，它将以知识服务为主要趋势，从资源垄断性竞争力转变为知识服务竞争力。

交互式学科馆员通过"咨询—解答—反馈"的流程进行服务，双方在针对用户的问题进行解决的过程中，注重双向的沟通与交流。面对用户的学科服务

需求，学科馆员不仅仅需要独立解决问题，还应该与用户保持有效沟通，获取更深入的用户需求。学科馆员在针对用户咨询的有关问题寻求答案的过程中，就可以从用户那里得到求证，同时，用户可以就学科馆员的咨询解答给予反馈和评价。馆员可以通过与用户之间的交互平台，进一步了解其个性化需求并不断提升学科服务质量。

二、交互式学科服务内容

图书馆和读者在需求和感知等各方面契合的前提下，图书馆提供创新的知识服务如文献获取、课题查新、信息素养培养等各类互动，帮助读者获取创新知识。同时通过信息资源共享，满足读者获取更多的创新源泉，通过人际互动提升双方合作，达到双方价值利益最大化，从而实现价值共创。图书馆的学科服务特别是知识性服务不仅能让读者获取所需的知识，提高其完成相关工作的效率，还能够提高图书馆的社会影响力与地位。

价值共创的交互式学科服务需要开展更深层次的学科咨询，构建专业化、个性化、集成化学科服务机制。信息技术和网络环境影响学科服务的手段持续智能化与便捷化，学科服务不仅可以进行面对面学科服务咨询，还可以通过多种线上手段进行。例如目前的互动学科服务手段包括：①到馆咨询；②电话咨询；③学科服务专题网站；④线上咨询；⑤智能机器人咨询。这些全方位的学科服务方式，可以随时方便地解答用户咨询的问题。

交互式学科服务还包括解决用户的科研需求。这就需要学科馆员与用户进行多次的交流探讨，包括以下手段：①为用户提供查新服务与课题方向建议；②开题与项目申报信息服务；③课题研究中的学科服务；④专利申请、市场竞争力分析、科研评价等。通过深层次的学科服务，用户也可以成为学科资源建设的参谋，促进图书馆资源建设和服务，推动图书馆知识库的建立。

三、学科服务与读者价值共创互动建议与对策

（一）走出校园，深化价值共创共赢的理念

在国家大力鼓励共创共赢的背景下，不管是高校还是公共图书馆，都应建立服务联盟，努力承担起应有的社会责任。图书馆学科服务不应只面对高级知识分子，更应该扩展到所有的社会读者，同时应以读者的角度去发现并思考深层次问题，不要只从学术界的制高点上为其提供不适宜的知识服务。而读者应该接纳并信任图书馆所提供的知识服务，以开放合作的态度积极与图书馆开展

相关合作，让图书馆充分了解读者需求进而提供有效适宜的知识服务。

（二）学科服务多元化，提高价值共创质量

学科服务实践要最大限度地实现读者与高校价值共创，丰富高校知识服务模式，提高学科馆员知识服务的质量，并加深馆员与读者之间的互动机制效应。而知识服务必须通过一定的载体来进行传输，载体的多样化也进一步促进了互动形式的多样化。目前图书馆知识服务内容主要包括科研实践、管理培训、规划设计等基本的知识服务范式，为了能更好地实现与读者的价值共创，高校图书馆应在提供知识服务之前明确需求，精准定位。

（三）提高知识创新能力，形成知识优势

知识创新是促进科技进步和经济增长的革命性力量，以及新技术、新发明产生的源泉。知识创新可以提高馆员与读者之间知识交流和共享的效率。它既能推动馆员与读者对信息知识的流通和共享，还有利于馆员与读者对个体知识的生产与创造。因此，在知识服务活动过程中，馆员与读者应不断提升双方的学习与知识创新能力，促进两者之间的知识交流与共享，提高知识的流动率。学科馆员更应该保证学科服务中的知识存量及流量，使读者能够获得足够的知识创新来源，从而演变成学科服务中的知识优势。

（四）构建可持续发展的高校知识服务发展运行机制

一个系统如何有效运转并持续发展依赖于运行机制。所以高校知识服务体系的有效运行也离不开一个完善的运行机制，不仅包含馆读双方成员之间的相互作用、相互影响，还涉及内部或外部的经济环境和政治环境及其他许多方面的因素。学科服务运行机制一般包括开发设计、执行过程、应用反馈三个部分。其中，分工协作机制、组织机制、风险分担和利益分配机制等问题是需要在执行过程中考虑的，而定期评估或服务结束后的总结评估机制是在应用反馈中需要考虑的问题。所以，在这些机制上一定要有健全的规章制度和行为规范保障，明确划分双方的职责和权利范围，坚持利益共享的原则，才能使图书馆与读者保持长期的合作，使学科服务良好地运行。

第四节　联盟价值共创下学科服务 SWOT 分析

"健康中国"战略的提出为医学图书馆学科服务深化与发展、医学图书馆角色转型与改革提供了机遇，而联盟价值共创则值得我们重新对学科服务的内涵与外延予以审视，"区域学科服务"就是医学图书馆目前能够深入思考并迅速开展实施的方式之一，其实际是利用医学图书馆特色资源与专业优势，发挥周边联动作用，扩展服务范围，起到医药、健康、卫生信息的区域辐射。当然，在开展医学图书馆区域学科服务的同时，肯定面临着各种优势因素与不利条件，本部分内容以 SWOT 分析法对医学图书馆自身因素与外部条件进行细致梳理，将此项工作的优势、劣势、机遇与挑战等问题进行深入探讨与系统分析，全面、准确把控研究现状，从而期待能够更为合理地制定出学科服务发展战略与计划，为后续实践工作提供思路。

一、优势（Strengths）

医学院校专业性强，其专业与生命健康、医疗卫生息息相关，医学图书馆在区域学科服务中既可以发挥地理、环境、资源方面的硬件优势，也可以利用人才、技术方面的软件优势。

（一）地理优势分布

我国医学院校地理分布大致分为两种类型：一种是不同专业不同规模医学院校的聚落式分布，如天津团泊新城西区健康产业园的三大医学院校建设；另一种是距离较远、分布在城市不同区域的散落式分布，比如成都市的各个医学高校。聚落式分布，实力更为集中，可以利用丰富多样的医学健康资源，集中辐射能力更强；而散落式分布，则更有利于不同区域的统筹发展，实现不同区域同步辐射。

（二）丰富的馆藏资源

医学图书馆内部医学相关纸质资源及电子资源丰富，采集渠道正规严谨，资源的可信度、权威性更高，较互联网上良莠不齐的医药卫生资源更能够满足读者对阅读质量的需求。利用这一优势，可以通过开放、半开放或限定开放等丰富、适度的形式，满足社区、医院、私人诊所以及校外其他相关从业人员及关注者的阅读需求。

（三）良好的学习环境

高校尤其是医学院校，内部大环境较好，学习氛围浓厚，尤其是医学院校图书馆的环境，对于社会人士来说更有利于阅读与学习。因此可以有限制、有计划地为非校园用户开放一定区域，并制定相关规范与要求，在保证图书馆正常运营的同时满足社会人士阅读、学习的需求。

（四）医学专业学科馆员

医学院校图书馆对学科馆员的吸纳与配置比较重视，学科馆员同时具备医学与信息情报学综合专业背景，能够利用自身优势为用户针对性地、评判性地提供医药、卫生、健康等文献信息服务，从而增强图书馆收集、处理以及评价医学信息的专业性，为区域学科服务输出提供质量保证。基于国外相关实践经验，在进行区域学科服务时，尤其需要重视发挥学科馆员的力量。

（五）网络平台技术支持

医学院校图书馆设有从事设备、网络维护及平台管理的专业技术人员，其职责在于关注图书馆及其相关网络、设备动态，协助馆内数字化建设及承担相关软件项目开发。专业的技术支持一方面可保证图书馆网络及设备的安全、有效使用，另一方面有利于平台数据的及时更新，可对于医药卫生、健康智库等数字化平台的建设和维护提供有力保障。

二、劣势（Weaknesses）

医学院校图书馆在区域学科服务中既要发挥自身的优势，也需要思考本身存在的不足，从而为后续发展提供改进与优化的方向。

（一）实践经验缺乏

利用医学院校图书馆的优势融入区域医药、卫生、健康学科服务中，在国内缺乏可以借鉴与吸取的前期经验。虽然少数实力雄厚的高校图书馆，如北京大学图书馆建设的开放研究数据平台、清华大学图书馆的中国经济社会数据中心等不失为一种参考，但医学院校图书馆大多数仅限于为附属医院或协同单位提供服务。由此可见，医学院校图书馆区域学科服务工作基础薄弱，经验积累不足，导致工作开展困难。

（二）人才储备不足

正如之前提到的问题，国内仍有大部分医学院校并未吸纳学科馆员或对学科馆员的重视程度不够，学科专业人才队伍分散，制度保障不规范，使其不能充分发挥应有的价值和潜力；而高校图书馆的辅助工作特点决定了馆员职责主要是在背后默默支持学校科研人员与教育教学工作，大多数医学专业人才认同图书馆员社会地位不高的现实，因此医学专业出身的研究生就业意向也大多不在图书馆，导致医学相关学科馆员队伍建设不足，限制了多元化、专业化区域学科服务工作的开展。

（三）相关管理制度与工作规范欠缺

高校图书馆原有的管理制度与工作规范仅适用于传统的教育教学服务，对于医药卫生区域学科服务这种新兴形式，没有对应的内部管理制度与外部约束规则，比如具体到校内师生和社会人士的区别使用权限、限制程度，以及校外人员进入图书馆的身份识别、流程把关等，可能会导致管理混乱。另外工作人员的职责范围与利益分配也有待商榷，工作量的增加及工作职能的改变可能会引起工作人员的不适应，而参与区域学科服务工作的馆员与其他馆员之间的利益平衡也是需要思考的问题。

（四）图书馆本身资源与技术支撑能力有限

医学院校图书馆的资源与技术支持并不是无限自由的，发挥区域学科服务还需要考虑图书馆本身对资源利用度的支持。一方面在于纸质资源的数量、开放程度与借还周期是否能够平衡学校教育教学需求与区域读者需求之间的关系；另一方面在于电子资源的后台系统是否支持大量校外用户的在线使用，必要时需要系统在每秒事务处理量、并发数与响应时间等方面予以完善，同时需规避知识产权问题。

三、机遇（Opportunities）

伴随时代发展与社会进步，各项新政策的提出，社会新局面的打开，均为医学院校图书馆功能、职责的扩展带来了前所未有的机遇，现在是图书馆主动走出去，融入区域医药卫生文化建设的有利时机。

（一）政策偏倚

"全民大健康""健康中国"等策略的提出，是根据时代发展与社会需求提出的全局理念，国家尤其鼓励医学相关机构、产业利用自身优势融入健康产业与医药信息文化的建设与发展中去，为提升全社会健康素养、构建中国特色健康保障体系做出贡献。同时，医学院校图书馆配合其他机构、单位、社区，发挥社会职能，带动周边医药卫生文化发展，不仅符合"健康中国"战略的内涵，也符合国家一直倡导的合作共赢发展战略。

（二）人民逐渐提升的健康素养

随着物质需求的日益满足，民众对于精神文化层面的追求也在不断提升，尤其近几年国内居民慢性病患病率增长、各种媒体对于健康知识的宣传，更是促进民众对医学及健康相关信息的需求。而且伴随大量、多样信息的涌入，用户也在不断提升判别、选择信息的能力，更为信任专业的信息来源，这为医学院校图书馆参与区域医药卫生学科服务工作提供了良好的群众基础。

（三）符合共享经济内涵

整合、优化资源是共享经济的本质，随着共享单车、共享书籍等发展，多数人越来越认可共享经济是人们公平享有社会资源的一种模式。高校图书馆资源来自社会，利用医学院校图书馆自身资源优势服务于区域内其他机构、社会人士，积极带动、提升周边区域医药卫生文化发展与医学健康信息宣传，体现的就是资源的共享与优化配置，有利于促进区域内信息文化服务的均衡化发展。

四、威胁（Threats）

（一）来自其他信息源的挑战

信息时代的特点在于信息来源的丰富与多样，医药健康信息服务中不乏专业的医学网站、综合性医院的宣传平台、医学专业人士的社交平台等，而来自医学院校图书馆的咨询机制、医药卫生智库、健康信息素养教育等内容，势必要与其他信息源竞争，且还需要在竞争中突出优势，吸引民众的关注度，获得周边区域机构或社区居民的认可与信任，这是图书馆融入区域服务中不可避免的问题。

（二）民众与高校图书馆的距离感

公众对医学院校图书馆大多了解不够，而高校图书馆也一直在扮演"高冷"角色，导致社会人士不熟悉馆内资源，对专业学科馆员的认同度也不高，可能会抵触来自图书馆的学科服务内容，对图书馆的开放资源利用也需要一定的适应时间，从而产生工作不能顺利推进的局面，打击医学院校图书馆主动参与社会实践的积极性。

（三）数据共享需要面对的法律、伦理问题

基于国外医药、卫生、健康等数据平台建设经验，国内医学院校图书馆构建智库，提供健康数据、临床决策、循证医学信息等内容，必定要与医疗卫生机构合作，而其中涉及的统计分析数据多由患者医疗数据或居民健康数据组成，这些数据涉及个人隐私，医疗卫生机构是否有权利提供给合作图书馆，图书馆获得数据是否需要经过伦理审核，以及智库中数据共享是否在法律法规允许范围内等，都是需要确认及思考的必要问题。

（四）与外单位沟通合作的障碍

医学院校图书馆目前学科服务的范围多在本校各院系和高校附属医院、协同单位，基本局限于内部服务与支持，因此缺乏对外服务与合作的经验，在具体实践中，可能会由于不同机构的运行规律不同、双方或多方在具体操作中责任与义务模糊、合作中利益不均等，导致协调不利、缺乏风险管理意识或是增加不信任感等问题出现，造成图书馆区域学科服务工作中的种种困难。

五、战略构想

通过对医学院校图书馆发挥区域学科服务的优势、劣势、机遇与威胁进行综合分析（见表1-4-1），提出较有发展潜力的"优势—机遇战略（SO战略）""优势—威胁战略（ST战略）"及"劣势—机遇战略（WO战略）"三种战略。

表 1-4-1　SWOT 分析矩阵

优势（Strengths） ①地理分布助推 ②自身资源丰富 ③环境优势 ④专业人才队伍 ⑤良好技术支持	劣势（Weaknesses） ①相关经验缺乏 ②人才储备不足 ③管理制度与职责规范欠缺 ④自身资源与技术支撑有限
机遇（Opportunities） ①相关政策偏倚 ②外部需求上升 ③共享社会建立	威胁（Threats） ①其他信息源冲击 ②民众与图书馆之间的距离感 ③涉及法律与伦理问题 ④对外合作困难

（一）SO 战略

SO 战略是充分利用自身优势与外部机遇制定的推进型战略，具体策略为：①将地域横向辐射与机构纵向延伸相结合，以医学院校为中心，横向由本区域向周边区、县、乡镇扩展，纵向进行直属医院、其他医院、私人诊所、生活社区的层级延伸。②允许资源共享，制定电子资源与纸质资源对外开放与半开放相结合策略，规定非校园用户的使用权限与义务。例如将纸质资源划分为允许外借和馆内阅览的不同类型，并根据不同人群制定权限，在更好地满足社会人士阅读需求的同时可以合理规避资源丢失、过度损坏的风险。③丰富咨询渠道，加强医学健康信息宣传与反馈机制。充分利用多样化的传播媒介，通过撰写文章、录制音视频等方式，以微博、微信、宣传手册的形式针对不同群体提供公益性的健康信息宣传与个性化的医药卫生信息咨询，提升区域内民众的健康理念与医学素养，同时建立健全反馈机制，根据需求与建议不断完善调整区域学科服务内容和服务方式。④构建智库平台，为专业机构提供健康数据、临床决策、循证医学信息等参考。智库数据服务对象一方面为卫生相关机构，例如附属医院、社区医院、防疫中心等，提供专业的知识、科研信息等；另一方面为民众提供通俗易懂的卫生保健知识、养生防病理论等，实现健康数据平台的资源共享。⑤定期的医学信息素养教育。一方面通过培训讲座、主题活动等方式为区域内民众提供经过专业整合与精炼后的医学与健康信息，另一方面培养民众对医疗卫生信息的获取、识别与评判的能力；同时还可以结合医学情报学内容对周边卫生医疗机构服务人员进行专题性培训，促进医药卫生前沿信息的交流。

（二）ST 战略

ST 战略是利用自身优势力求将外部风险降到最低的争取型战略，具体战略为：①突破距离感困境，需要图书馆主动出击，加强图书馆对外宣传力度，博得民众好感度，例如通过设立固定开放日，欢迎社会人士进馆参观了解，或者通过主题日活动融入社区，通过近距离接触缩减民众与高校图书馆之间的距离感。②医学院校图书馆本身的区域学科服务需要保持自身学术特色，独树一帜，在众多信息源中有所创新与思考，例如严谨性与趣味性相结合，或者结合区域特点进行信息整合，发挥每所医学院校不同的学科专长等，吸引民众关注。③重视学科馆员对信息的采集、整理与评价，保证学科服务过程中每条医药健康信息的严谨性与科学性，并时时关注前沿变化，增强外界对图书馆信任感。④明确法律与伦理道德范围内的权利与义务，在允许范围内保证健康智库、医药卫生信息数据库等平台的正常使用与数据的共享。⑤提高参与双方或多方的合作认识，建立相应机制，明确责任义务，在尊重协议的前提下可以根据各方需求开展多种灵活合作形式。

（三）WO 战略

WO 战略是借助外部机遇的力量来规避自身不足的扭转型战略，基本侧重点在于：①重视专业人才引进，提高人才待遇与保障，吸引具有医学专业学科背景的高水平人才加入，并进一步通过区域学科服务提升自身价值、挖掘自身潜力，留住人才。②通过对国外医学院校图书馆参观或交流学习等方式，在前期工作中多多借鉴国外先进实践经验，由综合实力强的医学院校，或以医学院校图书馆联盟方式先试点，再逐步推广到各个医学院校图书馆。③将国外医学院校图书馆经验与各馆自身特点相结合，积极制定相应管理制度与职责规范，并在具体实施过程中不断修订完善，将馆内外利益多方的责任与义务书面化、公开化，明确利益与责任，并时刻接受监督。④通过与合作方及区域学科服务对象进行沟通与协商，争取多渠道资金支持，完善设备与网络，提升技术支撑能力。⑤积极宣传图书馆资源共享理念，获取社会人士的关注与支持，并在共享理念下，制定合理的社会读者共享权限，保证资源优化配置与利用。

开展医学院校图书馆的区域学科服务，不仅对学校内部学科建设与发展起着促进作用，同时也可以对周边医药卫生产业与健康文化建设起到带动作用，形成覆盖周边的医疗、卫生、健康信息辐射圈，逐步实现资源的共享，并且有利于加强医学院校图书馆的职能与影响，使图书馆工作走出去，实现学科馆员价值扩大化，提升馆员角色认同感。

第五节　高校医学图书馆学科服务创新探索

了解医学专业特殊性，发挥自身资源特色和服务优势，创新服务模式，紧跟政策动向，适应需求变化，为广大用户提供前沿性、多元化、多维度的服务，是学科服务创新的前提。在"健康中国"战略背景下，基于前面有关医学图书馆区域学科服务现状的 SWOT 分析，不难看出，学科服务创新发展重要的一点是"服务外延"。除此之外，当前大数据、物联网、云计算、区块链、5G 等信息技术的发展，使得学科服务创新有了更广阔的前景、更丰富的路径以及更宽泛的内容，本节将从"对内创新"和"对外改革"两部分进行思考探讨。

一、对内创新

"对内"指的是服务于学校本身，这也是医学院校图书馆学科馆员的本职工作。对内创新，可以从以下几个方面着手。

（一）深化"嵌入式"学科服务

虽然国内医学图书馆近几年大力推广"嵌入式"学科服务，也有主动参与科研项目组的案例，但不少流于形式，服务内容单一，用户信任度不高，学科馆员不受重视，整体服务效果不明显，从而打击了学科馆员的积极性。而国外医学图书馆"嵌入式"服务研究在 20 世纪七八十年代就已成型，学科馆员可以与临床医生一起查房并参与讨论，分析临床中遇到的各类问题，提供更多有效信息，较国内学科馆员的受重视程度更高。深化"嵌入式"学科服务，就是需要使学科服务摆脱既往困局，完成质的转变。

首先需要通过对校内制度与政策的宣传提高学科馆员地位，使学校更多师生了解学科馆员价值，才能够保证学科馆员在学科服务中的话语权，增加用户对服务的接受与认同，真正把学科馆员作为课题组成员；当然，学科馆员也有必要的筛选条件，在必须具备医学相关专业背景的同时，还需要熟悉信息情报学研究方法，能够时刻关注并了解相关研究前沿动态，保证"嵌入式"学科服务的质量。其次，科研项目组要有吸纳人才的意识，国内很多科研项目组为了避免科研信息高度泄露、创新方法高度抄袭等问题，不愿意让学科馆员深入课题核心，致使相关信息服务成效甚微，久而久之如鸡肋般嚼之无味，弃之可惜。在此问题上，一方面科研项目组需要给予学科馆员充分信任，广纳人才；另一方面在学科馆员入组前需达成书面协议，明确双方义务，保证双方权利，并赋予法律效应。再次，科研成果要体现合作理念，目前国内已有学科馆员"嵌入式"参与项目组或者科研团队的实例，给予团队有效的信息支持，但大部分科研成果中并未体现学科馆员的贡献，不免打击学科馆员积极性与参与度。而国外在学科馆员参与的项目中，都能够体现学科馆员的付出，是对"嵌入式"学科服务价值的肯定，是国内应该借鉴与提倡的。最后，"嵌入式"学科服务必须要从"按需服务"出发，许多国内学科馆员往往认为提供信息推送、查新服务、检索报告便是"嵌入式"学科服务，这是远远不够的。"嵌入式"学科服务需要学科馆员负责任地深入了解项目内涵，提供建设性参考信息，了解项目组成员需求，必要时给予方法学指导而非局限于文献检索服务，而且根据项目需求不断提升自身相关知识水平与技能，不断进步。这才是一名学科馆员"嵌入式"学科服务的理想状态。

（二）个性化定制与分层次服务

良好的学科服务发展态势是根据服务群体需求与差异开展个性化定制与分层次服务，目前国内大部分医学图书馆由于专业学科馆员力量不足，在个性化与层次化学科服务方面较国外有很大差距，后续在队伍成熟、力量壮大的基础上，可以考虑分层次服务开展。首先面向学生，例如在本科生入学初期，安排专业对口的学科馆员负责某一专业学生在校学习期间的信息咨询与学科答疑，通过举办数据库讲座、信息素养培训、读书节活动等使学生对各项资源得到最广泛、最大化的利用；针对研究生在学习科研期间需要发表文章的硬性需求，学科馆员可以提供投稿指南等专业辅导，成立研究生信息交流群并按专业不定期推送各级别期刊收录目录，提供官方投稿方式，推荐友好期刊，发送学术领域前沿信息等。其次面向科研团队，辅助项目立项、实施、结题3个时期的工作，跟踪对口学科课题研究，向科研团队提供研究前沿和热点，参与科研前期选题；在研究进行过程中及时向科研人员提供领域最新研究成果，以便科研团队随时了解学科发展动态，调整研究思路；在结题阶段协助科研人员进行文献管理与投稿参考。再次，面向学校科技处、人事处、发展规划处等行政部门，学科馆员可综合医学与情报学优势，进行学科影响力分析与评价，帮助学校定位，发现优势与短板学科，助力学科优化布局与发展；同时对科研人员进行科研绩效评估，评估其科研贡献与学术潜力，辅助建立人才队伍评价体系，为人事制度改革方案制定提供参考借鉴。针对学校高级专家，以个性化定制服务居多，领域内专家多有自己完整的学术体系与成熟的科研思路，而且能够把握专业领域前沿发展，所以这部分人群需要的个性化学科服务支持多有科研秘书的角色定义，可以提供包含学术文献整合、相关数据分析、撰写前期调研报告、对外联络等在内的一系列高、精、专定制服务。

（三）"价值共创"式学科服务

基于价值共创理论，在学科服务中，形成以服务方式为依托，服务受众为主体，学科馆员为辅助，资源为核心的交互式服务体系。在体系中以资源为核心整合三方利益相关者，而整合过程中，除了纳入传统的馆藏纸质及电子资源、学科馆员的智力资源之外，也将服务受众视为可操作性资源，受众的反馈、需求与满意度有足够的动力和能力为学科服务创造价值。

在具体实施过程中，常常以医学图书馆的情报、资源为基础，依托于线上、线下多种方式，以图书馆学科馆员团队为保障，形成互联互通、贯穿上下的"图书馆—学科馆员—院系师生/附属医院/科研团队/项目组"价值共创式学科服务体系。总体框架包括基础设施层（特色馆藏资源、医学情报信息）、基础支撑层（学科服务团队）、应用服务层（学科情报分析，"嵌入式"学科服务，医学信息素养教育、培训、讲座等）、门户展现层（服务受众满意度及反馈），见图1-5-1。

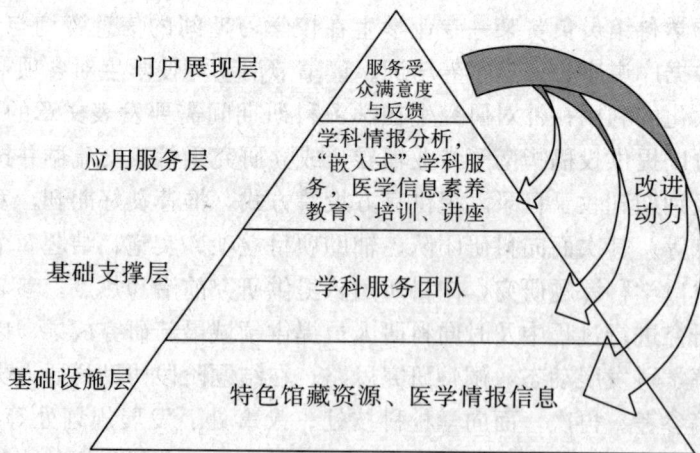

图1-5-1　"价值共创"式学科服务框架

前期面向学校院系级附属机构开展走访与需求调研，采集并整合院系与附属机构师生、科研团队、项目组、学科领域专家等服务对象的服务需求，安排对口专业学科馆员，综合需求主次与工作安排，通过发放宣传资料、新媒体推送、讲座培训、答疑咨询等线上线下相结合的方式多层次、多维度开展学科服务，并定期收集用户建议与反馈，实施满意度调查，并根据用户建议意见不断调整服务方式，完善服务内容。在整个服务过程中以用户反馈为着眼点，实现图书馆资源的优化，用户对学科服务工作的促进以及馆员自身价值的提升。此项举措是高校图书馆学科服务从被动向主动的转变，图书馆理应将自身定位为高校教学和科研服务的学术性主导机构，在提供精准靶向学科服务的同时着力凸显用户主体地位，联动资源—馆员—用户三方，实现学科服务价值共创。

（四）多维度医学人文素养培养

医学既是一门科学，又是一门人学。图书馆作为校园文化交流中心，具有丰富的资源和幽静典雅的空间，是校园中最具有艺术人文气息的场所，可以充分利用资源与空间优势，发挥服务职能，面向医学生开展多维度人文素养培养活动，促进医学生道德品质、艺术素养及人文情怀的提升。医学专业学科馆员作为师长，站在医学专业和人文精神的角度对学生而言更具备推广意义。具体可以采取线上线下相结合的形式，例如假期开展医学人文相关书籍阅读打卡，图书馆设置红色文化阅览专区，开展丰富的解剖图绘画比赛、医学书签设计大赛等，激发学生的爱国爱党爱校情怀，加强文学与艺术修养，使医学生不忘初心、牢记医者使命，更进一步助力学校培养德才兼备的医学生，加强图书馆协同育人的服务机制。

（五）完善学科服务评价机制

在学科服务评价机制方面，目前建立完整的绩效评价与用户反馈评价等相关机制的高校偏少，而在医学院校中，这个数量就更少了。完善的评价机制是促进学科服务创新深化发展的重要因素，可以有效激发学科馆员的内生动力与活力。

具体实施过程中需要结合单位自身制度特点，对学科馆员实施定期考核评估，可以根据学科服务情况、资料收集进度、工作量（如培训人次、走访次数、举办活动次数、任务难易程度等）、创新工作点、用户评价与反馈等相关指标对学科馆员的工作成果、服务效益进行定量和定性考核。同时引入激励机制，对于难度特别大、创新性极强、评价特别高的学科服务项目，给予额外奖励，激发馆员积极性。还有不能忽视的是，由于医学与信息情报学同样具有更新发展快的特点，这就使得学科馆员时刻需要继续学习，在开展考核评估的同时，应重视加强学科馆员的继续教育与培训。

二、对外改革

"对外"指的是医学图书馆的社会职责，在当前校地合作、共享经济、联盟体等形式蓬勃发展阶段，图书馆有机遇也有义务服务于社会，创造更多价值。

（一）区域联盟构建

联盟是一种优势互补，实现价值扩大化的发展形式。如南京医科大学图书馆联盟、上海交通大学医学院图书馆联盟、复旦大学医学图书馆联盟等，走的都是与附属医院共享资源，面向医疗机构提供多元化知识服务的路子，均取得较好成效。但以上联盟都是存在于医学院校图书馆与附属医院之间的一种资源共建共享联盟，而区域联盟重在"区域"的内涵，是充分利用资源条件，实现不同院校甚至不同性质机构之间的联盟，如与同区域不同学科，或跨区域同学科的高校图书馆进行资源互助与馆员合作，打造资源共享与学科服务互助环境。另外，还可与同区域其他医学相关机构联盟合作，如区域内的卫生监管部门、社区医院、养老中心、私人诊所、防疫站等，医学图书馆为其他医学相关机构提供医学信息情报服务，其他医学相关机构为医学图书馆学科服务提供建议与对外宣传，促进学科服务的高质量、多渠道发展。

（二）"资源共享"式学科服务

"共享经济"的商业模式和服务兴起，引起了全球商界领袖及媒体的关注，而在图书馆界早有借鉴"共享经济"模式的操作，如今的"共享馆藏"（Shared Collections）就已经很普遍，而共享不应该仅仅局限于高校馆或联盟馆之间的共享。基于医学图书馆丰富的纸质资源、电子资源、服务资源以及社会职能，应当创新资源共享理念，使馆内的各种资源取之于社会、服务于社会。例如通过制定合理的共享权利与义务，规定社会读者的馆内纸质资源借阅权限及数据信息平台访问权限，满足社会人士的医学信息需求；再如利用学科馆员专业优势，定期针对社区居民、私人诊所进行医学信息素养的宣讲与医药卫生专题培训，实现服务资源的共享。"资源共享"式学科服务是促进高校资源配置下沉、图书馆资源优化与图书馆服务改革的创新模式。

（三）搭建公众健康知识服务平台

随着大数据技术、移动互联网技术对各行各业的渗透，数据资源激增，引领着各行各业的转型，也成了学科服务创新变革的新动能，医学图书馆作为生物医学信息服务中心，数据储备丰富，大数据的研发和利用却十分有限。利用医学图书馆的数据资源，加强公众健康知识服务平台的建设，在法律法规允许范围内，将医药卫生信息整合为通俗易懂的卫生保健知识、养生防病理论等，设置主题管理、资源管理、聊天互动等模块和功能，通过该平台，用户能够快速了解所需信息、获取相关知识，同时学科馆员也可对用户开展在线答疑服务。此外，随着社交网络的大规模使用，还可将服务工具扩展至微信、微博等大型社会化媒体，如设立微信公众号，将医药信息发布、在线参考咨询、健康文化宣传等服务嵌入微信平台，使学科服务可以融入用户的日常生活中去，让用户可以利用手机端随时随地获取信息。

（四）专题化信息服务

专题化信息服务主要是面向有协同关系或者区域内的相关医学机构开展，注重医学信息服务的专业化、规范化、个性化与前沿性。在线上可以构建信息智库平台，为医学相关机构，例如协作医院、社区医院、防疫中心、医学会等提供健康数据、临床决策、循证信息及科研参考等，并保证信息数据的及时更新，同时建立有效的咨询反馈机制，面对用户需求线上答疑，并根据反馈需求调整信息内容。线下可以利用医学情报信息学的理论与实践优势，面向医学相关机构的工作人员开展不定期的医学信息文献检索、医学统计学或循证医学等专题讲座，有效减少相关工作人员在工作或科研中常犯的一些可轻易避免的文献检索与统计学错误，提升相关人员的医学信息素养。

（五）打造文化阵地

图书记载了人类从古至今的发展和演变，图书馆的传统职能之一，就是收集、加工、整理以及管理这些珍贵的文献资源。图书馆作为保存各民族文化财富的机构而存在，具有普遍的传承文化作用。除了其本身的书籍文化资源，目前很多医学图书馆，尤其是中医药图书馆，都致力于打造特色文化展示区，例如成都中医药大学的古籍特藏部，设置有名师印记展厅、古籍修复室，并同时配备古籍雕版印刷、古籍线装书制作体验、古籍修复体验等活动，打造传统文化阵地。医学图书馆可以根据自身的优势专业与特色资源，搭建文化展示区，通过画廊、墙报、学习园地等形式，吸引师生及社会人士前来了解特色医学文化。除了空间上的文化阵地作用，医学图书馆还可以通过"读书节"活动，宣传引领"全民阅读"，推广阅读文化，同时通过对馆藏纸质与电子资源的遴选、加工、集萃，向读者提供积极有益的精神食粮。

三、医学图书馆学科馆员角色重构

从事学科服务的图书馆馆员称为"学科馆员"，基于医学专业自身的特殊性，并且随着医学与信息技术的不断快速发展，以及读者信息需求的深入和个性化，医学图书馆的工作面临着越来越高的要求与越来越多的挑战。因此，普通的图书馆员并不能完成这些专业的信息服务工作，而学科馆员在依靠医学学科背景优势的同时，并接受文献情报专业训练，可以向医学相关领域的读者提供专业化、深层次、个性化的信息获取与利用服务。而且在医学高校或者医院，不论是教学、临床还是科研工作，都需要花费大量的时间与精力进行文献资料的检索与查阅，学科馆员能够主动为相关人员提供专业的、有针对性的学科服务，可大大提高教师、医生的工作效率，呈现更好的工作效果。而从目前国内医学图书馆学科馆员的具体情况来看，不少图书馆存在人员配备不齐、专业水平低、自我认同感弱、主动服务意识差等问题。美国的学科馆员要求具备美国图书馆协会（ALA）认可的图书情报学硕士学位 ALA/MLS（MLIS）和某个特定学科的专业知识及工作经验。按照要求来说，医学图书馆中的学科馆员应该受过医学与情报信息学的多学科教育，但现实中国内医学图书馆具备以上专业背景的学科馆员非常少，或者在专业领域解读上，或者在信息获取与加工上，都存在一定困难；而即便有交叉学科专业背景的学科馆员，在工作中仍然需要不断在医学、图书情报学、统计学、计算机科学等学科方面更新知识储备，并在工作实践中领悟与丰富。因此，医学图书馆学科馆员在工作中，要清晰职业定位，实现自我认同，提升职业信念感，做到以下几个方面的角色认知与重构。

（一）科研活动贯穿者

学科馆员要在科研活动中认识到自己的价值：学科馆员是联结信息情报与科研人员的媒介。有数据显示，在一项科研活动中，58％的时间与精力需要花费在查找文献、阅读文献中，从最初定题到寻找科研困境解决思路与方法，再到撰写文章与科研成果结题报告，都需要信息情报学的支持。而大多数情况下，科研人员由于时间精力有限、情报学方法掌握有限、资源获取途径有限等问题，检索与处理文献信息比较棘手，而学科馆员此时就是最好的联结者与贯穿者，通过嵌入科研项目的立项开题、实施过程、问题分析、结题准备全过程，在不同阶段提供不同内容与形式的服务，如立项前查新服务，实施过程中的前沿信息推送，遇到问题时的方法学收集与文献学指导，结题工作中的期刊推荐与文献管理，等等，能够真正为项目提供建设性辅助工作，让科研人员体会到学科馆员存在的必要性。

（二）科研质量把控者

改革开放以来，我国的科技计划及管理体制不断调整和完善，基本适应了各个阶段科技发展的要求，反映了不同时期发展和改革的重点，为经济社会发展和科技自身发展做出了重要贡献。但目前国家科技计划和科研项目管理还存在着需提高效率和质量等问题，必须进一步深化改革。为落实《国家中长期科学和技术发展规划纲要》确定的目标和任务，科技部在《关于国家科技计划管理改革的若干意见》中提出，科研项目评审要突出质量为主，注重项目的创新性和水平，强调论文引用率方面的指标，以及对学科发展的影响；并且建立科研诚信制度，着重关注科研机构、主要承担单位和科研责任人的信用记录与信用评价。中国科协、教育部、科技部等七部门也于 2015 年联合印发《发表学术论文的"五不准"》文件，中国科学院科研道德委员会在 2018 年发布《关于在学术论文署名中常见问题或错误的诚信提醒》，足见国家对科研质量的把控极为重视。学科馆员具备医学与情报信息学综合知识技能，了解学科发展态势，掌握科研成果质量评价方法与标准，因此在科研活动中，可以起到监督与把控科研质量的职责。如 *Journal of Chemical Physics* 期刊的一则撤稿声明称，作者团队在研究过程中误以为论文中的数据是他们首次计算得到的，实际上，该数据早在两年前已由其他作者计算得出并公开发表，而作者团队并未检索出相关文献并规范引用。想要生产高质量科研成果，必须要做到掌握"足够的科技信息"，如果依靠学科馆员的信息检索能力和信息评价知识，在科研活动中，类似的科研质量问题就能够减少或者规避，从而促进科研大环境的改善。

（三）社会价值创造者

学科馆员不仅要了解自己对于高校科研、教学与学科发展的意义，更要意识到自己在促进社会信息发展专业化、规范化中的价值，这同样带来了医学图书馆的角色转型与价值扩大化。学科馆员利用自己的医学专业知识与信息情报学专业技能背景，能够在健康信息宣传、医药卫生数据库建设及医学信息素养培训三个方面服务于社会，面向社会公众开展公益性健康推广与宣传，在移动软件、社交网络平台上提供医疗保健、患者教育及预防医学等信息，并接受公众咨询答疑；同时可以通过全面搜集和整理医疗卫生领域的各种信息资源，建立临床知识体系、医学研究信息、卫生保健数据等公共资源平台，为医疗领域从业人员及医疗卫生机构提供个性化知识推送服务与医学数据支持；发挥教育专长，通过定期培训、讲座活动开展医学信息素养教育，增加普通民众对医疗健康相关信息的获取途径，提升普通民众对医疗健康相关信息的评判能力，有效掌握高质量、权威性、规范化信息。学科馆员在社会信息发展中扮演的角色，能够带动整个社会医学健康文化进步，强化相关产业的发展潜力，增加社会效益，实现学科馆员社会价值。

（四）信息素养教育者

信息素养是指利用信息工具及主要信息源使问题得到解答的能力。信息素养具有敏感性、操作性与批判性三个特征，即知晓"什么时候需要信息""如何去获取信息""如何有效评价及利用信息"。而临床或科研工作者，可能极为擅长自己的专业领域，但对信息来源渠道了解不够全面，有时对信息的评判也缺乏客观理性；对于医学生或普通民众来说，由于专业知识缺乏，对医学健康信息更是缺少有效获取与利用能力；加之当前个人隐私易泄露，网络环境不安全，随处可见"键盘侠"展开人身攻击，信息判断能力显得尤为重要。所以，学科馆员针对不同群体开展不同形式与内容的医学信息素养教育非常必要。面对科研与临床工作者，拓宽其信息获取途径，为其推荐文献信息评价指标体系等；面对学生，则要从基础入手，讲解常规信息文献数据库的使用方法，介绍网络信息检索技巧与评价原则等；面对普通公众，总结虚假网站、平台特点，教授防信息诈骗技巧，推荐实用网站与平台。在信息素养教育中，尤其要注重公民网络道德的教育与培养。学科馆员的这一角色，能够增强公民信息意识、内化信息伦理，提升整个社会信息素养。

（五）前沿思想追踪者

由于医学学科与信息情报学科都具有更新快、发展迅速的特点，且随着当前大数据、区块链、云计算等信息技术的日新月异，学科馆员要想时刻保持学科服务的活力与学科服务的质量，必须注重自身业务能力与综合素养的不断提升，做前沿的追踪者。学科馆员应有终身学习的意识，适应大环境发展步伐，清楚医学学科服务对学科馆员的要求，有针对性地储备知识与技能，如提升外语水平，掌握计算机技能、统计学研究方法等；并且安排培训计划，定期参加医学信息情报相关的各类专题讨论、业务研讨或学术交流活动，重视情报专业技能培训，还可利用网络慕课资源、公开课资源等听取领域权威专家的讲座与课程，不断更新思想观念，获取学科服务所需的新知识、新技能，提升学科馆员专业素养，增强特色学科服务能力，为学科服务对象塑造可持续发展的知识结构。

参考文献：

[1] 张甲，孙景琛，陈锐. 高校医学图书馆的职能使命与发展方向——"2019医学图书馆建设馆长论坛"访谈录 [J]. 中华医学图书情报杂志，2020，29（1）：1—11.

[2] 张聪. 基于交互创新的高校知识服务模式及其外部资源研究 [D]. 大连：大连理工大学，2019.

[3] 徐佳. 价值共创视角下高校知识服务与企业互动机理研究——基于多案例研究 [D]. 长沙：湖南师范大学，2019.

[4] 张扬. 基于价值共创理论的高校图书馆业务流程重组研究——以大连交通大学图书馆为例 [D]. 大连：辽宁师范大学，2019.

[5] 邵诗雅. "互联网＋"环境下图书馆服务价值共创能力评价研究 [D]. 长春：吉林大学，2018.

[6] 史乐乐. 价值共创视角下图书馆信息资源建设的用户满意度研究 [D]. 济南：山东大学，2017.

[7] 苏晗. 图书馆联盟信息资源共建共享的激励策略研究 [D]. 哈尔滨：黑龙江大学，2019.

[8] 中共中央，国务院. "健康中国2030"规划纲要 [M]. 北京：人民出版社，2016：1—4.

[9] 杨永华. 智慧时代高校图书馆服务创新与发展研究 [M]. 北京：中国原子能出版社，2020.

[10] 唐淑香. "互联网＋"时代高校图书馆学科服务研究 [M]. 西安：西安交通大学出版社，2018.

[11] 刘妮波，王春峰，郝彧，等. 国外医学院校图书馆公益性服务现状研究 [J]. 高校图书馆工作，2015，35（2）：68—71.

[12] 雷楚越，谈大军. 美国国立医学图书馆健康信息服务案例分析 [J]. 图

书馆杂志，2018，37（1）：101−107.

[13] 陈秀娟，吴鸣. 美国健康医学图书馆数据服务 [J]. 图书馆论坛，2016，36（10）：114−121.

[14] 栾冠楠，陈冬梅. 国外医学图书馆信息专员服务模式分析及思考 [J]. 图书馆学研究，2015（9）：53−56.

[15] 高巾. 哈佛大学医学院图书馆用户服务模式初探 [J]. 图书情报工作网刊，2011（11）：31−34.

[16] 蒋丽敏. 美国高校图书馆的读者服务及启示 [J]. 科技情报开发与经济，2011，21（14）：38−40.

[17] 董丽. 2018 年我国内地医学图书馆服务模式研究进展分析 [J]. 晋图学刊，2020（3）：75−79.

[18] 王晓硕. 医学院校图书馆学科服务现状分析及发展策略 [J]. 医学信息学杂志，2020，41（6）：79−82.

[19] 邵彦坤，肖宗花，李梅. 医学高校图书馆学科服务策略调查研究 [J]. 医学信息学杂志，2019，40（12）：72−77.

[20] 黄玉琴. 基于"双一流"背景下医学院校图书馆学科服务探析 [J]. 湖北函授大学学报，2018，31（10）：23−25.

[21] 张劲柏，陈银海，傅晓宁. 大力推进大健康理念下的健康文化建设 [J]. 中国疗养医学，2018，27（4）：446−448.

[22] 陈廉芳，毛玉容. 高校图书馆科学数据馆员制度 SWOT 分析与建设对策 [J]. 大学图书情报学刊，2018，36（5）：45−50.

[23] 母益人. 学科馆员应该做好哪些工作 [J]. 河南图书馆学刊，1989（4）：27.

[24] 高艳，黄文华. 高校特色学科馆员创新素养的培养研究 [J]. 河南图书馆学刊，2020，40（12）：81−83.

[25] 赖昕. 医院图书馆中学科馆员职业素养要求与能力提升的研究 [J]. 医学信息，2019，32（22）：16−18.

第二章 联盟价值共创的高校医学图书馆学科服务模式

第一节 联盟价值共创的学科服务模式内涵

清华大学 1998 年率先在国内实施"学科馆员制度",此后,北京大学、南开大学、武汉大学等国内众多高校先后推出了学科服务,很多公共图书馆也陆续推出学科服务,以满足读者日益增长的知识信息需求。新时代背景下,图书馆职能不断深化和扩展,如今,学科服务已经成为图书馆提升服务水平、助力教学科研的一种重要服务模式,赢得了高校师生和社会读者的普遍支持,也在图书馆界得到普遍认同。社会发展和信息技术创新推动了学科服务的发展,涌现了各种学科服务模式,如专职兼职学科馆员服务模式、嵌入式学科服务模式、基于用户需求的学科服务模式、基于资源平台的学科服务模式等。随着大数据时代的来临,用户需求呈现多样化和个性化特征。医学领域日新月异的发展和各类突发公共卫生事件,也对医学学科服务提出了更严峻的挑战。当前,在复杂多变的学术大环境下,医学图书馆的学科服务也必须与时俱进、变革创新。因此,需要通过对国内学科服务现状的分析,总结联盟价值共创的学科服务模式内涵,提出学科服务的创新模式。

一、国内学科服务存在的问题

(一)过分强调全面性

学科服务作为一个全面的概念,所包含的服务类型、内容、方式等灵活多变,并非所有高校都有实力可以逐一囊括。现阶段,由于面临新时代图书馆变革的巨大挑战,特别是高校图书馆为强化自身在高校的文献资源服务中心地位,过分追求学科服务的"大而全",急于提升学科服务水平,满足所有用户需求，只要学科服务理论涉及的各种业务，不加甄别原样复制；其他图书馆的学科服务的优秀案例原样照搬，追求"你有我有，你无我也有"的局面。"大而全"的学科服务虽然能最大限度满足用户需求，提升图书在高校的影响力，但是很多高校并无足够的人才、资金、软硬件设施来支持全方位多维度的学科服务，最终只能将设想停留在制度和理论上，某些服务无法真正落地，更无法提供全面优质的学科服务。

（二）盲目追求高水平

随着学科服务在各大高校的推广，大家竞相追逐智慧型、深层次、主动性和研究型的高水平学科服务，比如"嵌入式"学科服务模式在现阶段受到很多高校的青睐。但是如果要达到高水平的嵌入式、个性化的学科服务不仅对高校图书馆的复合型专业人才有较高要求，甚至需要一些信息化、智能化基础设施来提升用户体验。图书馆如果同时具备足够的人力及基础设施支持，就可以稳步推进高水平、深层次、个性化的学科服务。但是目前国内各类型图书馆的人力资源队伍和软硬件资源水平条件参差不齐，并非所有图书馆都拥有开展高水平学科服务的基础条件。如果没有足够数量合格的复合型学科服务馆员，且没有软硬件条件支持，就盲目追求高水平的学科服务，最终高水平学科服务只会成为没有内涵的纸上谈兵、空中楼阁。

（三）人才队伍匮乏

现代图书馆受到各方面制约，人力资源困境已经成为业界一大难题。由于高层次的专业学科服务人才匮乏、图书馆人员招聘受限等，很多学科馆员其实是身兼数职，既要承担部门日常的业务工作，还要进行学科服务、教学工作。很多高校专业众多，但是学科馆员寥寥无几，无法达到"一个专业对应一个学科馆员"的服务模式，往往一个学科馆员面对数个不同的学科，且这些学科并非学科馆员所擅长的。学科馆员对于自己所学的专业可以较好地开展工作，而对于兼任的其他专业很难做到高水平深层次的学科服务。图书馆为提升学科服务受众常常进行宣传造势，提出各种计划，但是一对多的学科馆员和多而不专的学科服务对象难以达到优质的服务效果，最终形成学科服务"雷声大雨点小"的局面，精力投入很多但是成绩平平。

二、联盟价值共创的学科服务模式构建原则

联盟价值共创的学科服务模式，旨在提出适合医学图书馆特征、符合医学

学科发展的学科服务思路，为医学图书馆的学科服务提供有力的借鉴参考。不断创新学科服务模式能够有效提高医学图书馆的综合服务能力和读者的满意度，全面提升图书馆影响力，助推图书馆发展。根据医学图书馆的实际情况，学科服务模式的构建应该遵循以下原则。

（一）目标导向

新时期的健康中国建设和健康素养促进蓝图逐步形成，医学图书馆对医学高校及医疗卫生机构发展、健全优质高效的医疗卫生服务体系有着重要的文献资源保障、科研服务作用。因此，医学图书馆的学科服务模式设计必须围绕医学领域服务目标进行分析，以目标为导向有针对性地进行模式研究，将目标管理思想融入规划的全过程。

（二）整体规划

学科服务模式创新应该借鉴系统论思想，从整体进行模式路径的综合规划，进行全面统一的设计。将学科服务作为一个系统，统一规划模式中的人员、信息、资源、技术、业务、用户等；统一学科服务中图书馆各方面的制度、标准、流程等；统一负责学科服务的部门，由专门的部门统筹规划与实施学科服务。

（三）用户为本

图书馆的服务宗旨是以读者为中心，因此，学科服务必须围绕用户需求开展。学科服务模式应该重在适应需求、使用便捷、有效反馈，推动创新管理和读者服务方式，给读者提供专业强、差异化、高质量、有内涵的学科服务，杜绝一些喊口号、重面子、表面化、轻实效的形象工程，保证用户能获得实实在在的学科服务体验。

（四）贴合实际

医学图书馆的学科服务创新需要从实际出发，以学科发展需求为导向，不是一味地为了创新而创新，为了迎合学科服务热点而强行开展浮于表面的服务内容，要避免"假大空"的学科服务模式。学科服务模式需要根据图书馆本身的功能定位、资源情况、人才队伍、学科特色、信息化基础等，进行针对性、适用性的建设和创新。综合条件较好的图书馆可以进行较全面的多维化、综合性学科服务；条件有限的图书馆则可以先专注某一个板块，形成自己专业化的学科服务特色，待各种保障条件成熟后逐步进行其他学科服务，避免急功近利、盲目实施。

（五）追求实效

学科服务的宗旨是要持续为用户提供有价值的信息反馈，学科服务模式确定后不能总是按部就班、一成不变，在服务过程中要对实际效果进行持续的跟进与监测，重视用户的效果反馈，适时调整不合理的方式，不断完善整个学科服务流程。在学科服务过程中要积极探索更好更有效的服务路径、管理方式、创新模式和保障机制，鼓励方式方法创新、服务管理创新，重视激发学科馆员的科研活力，注重用户的反馈，提高学科服务效率，避免不必要的行政干预。通过有效的管理与控制建立学科服务的可持续动态发展机制。

三、学科服务模式构成要素

学科服务模式是学科服务过程的流程化体现，是将所有关键要素进行整合，构建成高度概括的服务模式，展示学科服务的每个关键节点和各要素之间的关联，最终形成闭环、动态的服务模式。每个关键节点又可以单独进行细化、调整，适应不同图书馆的学科服务特色。不同的学科服务模式可以为不同类型、特点的图书馆所采用，图书馆的制度建设能推进学科服务模式的实施，使学科服务的开展更具有科学性和可控性。

（一）学科馆员

学科馆员是图书馆从事学科服务的专业人才，他们为用户提供所需求的学科信息和服务，主动地有针对性地收集学科动态信息，为用户提供准确的有价值的学科信息服务。学科馆员一般能有针对性地为教学、科研提供有力帮助。多数高校图书馆会设置专人与某一个院系或学科专业建立联系，在院系、学科专业与图书馆之间架起一座桥梁，学科馆员和师生相互沟通形成科研团队合力。比如武汉大学针对各学科大类设置不同的学科馆员，对口化服务不同学科的教师和学生。

（二）资源平台

学科服务需要依托于图书馆本身或外部的资源平台，学科资源平台如数据库、开放获取（Open Access，OA）资源、图书馆馆藏资源、特色数据库等是学科信息的主要来源。学科馆员通过资源平台收集、筛选、整合各类学科信息提供给用户。因此，图书馆对资源平台的建设直接影响学科服务开展的深度和广度。医学图书馆开展学科服务，在知网、万方、维普等常用数据库外，更需要重点建设医学特色数据库，并广泛汲取 OA 资源，敏锐获取国内外医学前沿信息。

（三）服务空间

学科服务中的知识获取、整合过程虽然常常是在虚拟空间开展，借助互联网、计算机等技术手段，但学科服务开展也需要依托图书馆的物理空间，形成馆员与用户之间的现实交流沟通，形成图书馆学科服务与空间服务的有机融合。图书馆可以根据空间功能设置学科服务面对面委托交流区、交流研讨区、自助查询区等，为用户提供现实的学科服务体验。

（四）用户分析

学科服务的对象（用户）是学科服务的核心，用户类型决定了学科服务的策略和内容，用户需求决定了学科服务的广度和深度。在学科服务中准确进行用户分析是开展学科服务的先决条件。医学图书馆的学科服务用户类型包括高校的教师、医学科研人员、临床医护人员、学生等，同时还有社会读者。用户需求因用户的身份类型特征而有所不同，针对不同的用户类型和需求，学科馆员需要提供差异化的学科服务。

（五）服务策略

学科服务的策略指的是采用各种工具、手段、平台开展学科服务的方法，根据不同用户的需求，选择如查收查引、科技查新、用户培训、定题检索、ESI 情报分析、知识产权服务、课题追踪等策略。具体实施过程中，不同的学科服务机构根据自身特点会采取不同的策略，目前比较主流的学科服务有嵌入式学科服务、主动式学科服务、平台自助式学科服务等。学科服务策略需要充分发挥图书馆馆藏资源的优势，并能联结学科馆员和学科用户，通过学科服务过程特点制定不同的学科服务模式，使图书馆学科服务更具有针对性和便捷性。

（六）服务内容

学科馆员团队提供文献信息参考咨询服务，建立学科文献资源指南或学科服务平台，嵌入学院科研、教学第一线，满足用户各类文献资料需求。医学图书馆学科服务内容主要包括嵌入式学科服务、价值共创学科服务、个性化定制与分层次服务、培养医学信息素养、构建公共健康知识平台、知识服务宣传等。

（七）技术体系

学科服务的技术体系构成了服务的信息化基础。16世纪以来，人类社会的发展经历了工业化、电气化、数字化的一次次技术飞跃，现代图书馆学科服务可以应用现代最前沿的科技理念，综合运用互联网、无线网、物联网、大数据、云计算等现代科学技术，以科技的智慧提升学科服务的准确性和智能化。

1. 互联网技术

随着计算机科学技术不断发展，信息化发展取得历史性成就，互联网在当代社会的影响力和普及度迅速提升，人类社会逐渐进入互联网时代。互联网技术能沟通、联络、整合社会中的各种要素，例如人、组织、技术、经济、管理、信息等复杂系统，影响着社会各行各业，为时代的发展注入了全新活力。

2. 无线网技术

无线网一般是指采用无线传输方式的计算机网络，它是有线数据通信的发展与替代。无线网打破了传统有线网络的地域与空间限制，具有操作简单、移动方便、功能全面等优点。无线网实现了通信技术的多元化，极大地提高了使用的便利性和网络的利用率。

3. 物联网技术

物联网又称传感网，是信息技术发展的又一浪潮，它通过传感技术、识别技术、定位技术等实现对任何所需信息的采集。物联网建立了事物之间、人与物之间等的智能化识别、动态交互与时空管理。物联网的应用领域十分广泛，遍及公共交通、生态环境、家居生活、健康护理、食品安全等众多领域。

4. 大数据

大数据是指信息规模巨大的数据集合，是通过各种信息网站、社交网络、访客记录等来源获得的庞大数据，它作为新型的信息资产是现代数据分析的基础。正确运用大数据可以获得更强的决策力、洞察力和优化力。

5. 云计算

云计算能够将各种计算资源进行整合，运用软件进行资料自动管理、自动计算。云计算满足了多个应用系统之间信息共享、交换、利用的需求，实现了各应用系统对数据的共同提取和综合计算。云计算增强了学科服务的智能化，可以帮助用户实现更多、更便捷的自助服务。

第二节　联盟价值共创的学科服务 Cardiff 框架模式

一、学科服务模式创新设计

(一) 设计思路

学科服务也是一种信息服务，联盟价值共创的学科服务包括了学科服务的主体（学科馆员）、客体（用户）、服务内容、服务策略、技术资源等方面，每个方面都包含了可扩展的要素，这些要素是服务创新模式设计中考虑的关键点。学科服务的各构成要素相互联系、相互作用，组成了一个有机的整体，在实践中这些要素并非简单组合或相加，而是相互配合、形成合力，形成以用户需求为中心、服务内容为基础，通过学科馆员的实施，依托技术资源平台形成完整的学科服务系统。因此，可以将整个学科服务过程看作系统，借鉴系统思想，进行学科服务模式的创新设计。

系统思想从古代开始就初现萌芽，中外古代著作与著名古代工程中常见体现系统思想之处。比如中国古代的四书五经中就出现了含有系统思想的五行八卦等学说，北宋科学家沈括的《梦溪笔谈》中皇宫修建工程体现着系统思想，古希腊哲学家亚里士多德曾经提出整体大于部分总和的思想，古希腊哲学家德谟克利特的《世界大系统》一书是最早采用系统这一名词的著作。

在现代科学认识中，系统思想是对系统的本质属性的根本认识，它的核心内容就是要实现系统的最优化。系统思想是系统理论的认识基础，系统思想强调了系统的整体性、关联性、层次性、统一性，提倡从整体的角度构建系统规划方案。而基于系统思想的系统论提出了客观物质运动的层次性和各不同层次上系统运动的特殊性，突出了系统运动规律的统一性，表现了各层次上系统运动所具有的组织化特性。因此，学科服务包含多重要素和持续的过程，应该充分借鉴系统思想的精华，重视系统内部子系统之间和系统与环境之间存在着的相互作用、相互依存关系，从系统的整体性、关联性、层次性、统一性出发，推进学科服务过程的有序性和有效性。

（二）基本方法

学科服务研究涉及图书情报学、管理学等多学科的交叉理论，同时学科服务也是提供有效知识服务的系统过程，是决策支持和系统动力学的结合，可将其过程看作管理学的供应链模型。因此，可充分借鉴供应链流程设计的Cardiff框架方法，创新构建学科服务模式。Cardiff框架方法于1994年由Naim、Towill提出，是系统动力学应用于供应链流程再造的典范。该方法是一种基于反馈环路的、自上而下的、整体全局的系统分析与计算机仿真方法，它将整个供应链过程划分成一些可以串行或并行的相对独立的业务单元，经过定性的动态分析和定量仿真，把业务单元模型结构整合成一个整体框架，探寻解决供应链问题。该方法综合了"软""硬"不同的系统分析方法，能分析供应链的多种结构、运作的相关概念以及过程的知识发现，还能对供应链流程再造进行定量分析、建模与测试，是一种结构化的流程设计方法。

二、学科服务的 Cardiff 框架模式构建

对学科服务进行过程重构和要素分析，可使学科服务特征与Cardiff框架进行有机结合，将学科服务看作联盟双方的知识供应及获取反馈过程，借鉴供应链理论，将学科服务过程划分为概念问题、技术问题两个相互联系的模块，创新性构建一个闭环、动态的联盟价值共创的学科服务Cardiff框架模式，具体如图2-2-1所示。

科学合理的学科服务模式在构成要素的选取上应尽量覆盖与学科服务流程相关的各主要方面，同时既要考虑要素横向之间的相互关系、全面覆盖，又要考虑纵向之间同一要素下要素之间的涵盖、层次、制约、细化关系。为实现各要素组成关系的全面、系统、科学、简洁、合理，将学科服务的Cardiff框架模式划分为两个层次，包括概念问题模块和技术问题模块，并在框架中设计相互制约的三个闭环结构。

```
                    ┌─────────────────────┐
        ┌──────────▶│    图书馆学科服务    │
        │           └─────────────────────┘
        │                      │
        │                      ▼
        │           ┌─────────────────────┐
        │           │      用户需求        │
        │           └─────────────────────┘
        │                      │
 概                ┌──────────▶│
 念                │           ▼
 问                │  ┌─────────────────────┐
 题                │  │      定向分析        │
        │          │  └─────────────────────┘
        │          │            │
        │          │            ▼
        │          │  ┌─────────────────────┐
        │          │  │      服务内容        │◀──────────┐
        │          │  └─────────────────────┘           │
        │          │            │                       │
        │          │            ▼                       │
        │          │  ┌─────────────────────┐           │
        │          └──│      服务策略        │           │
 - - - -│ - - - - - - └─────────────────────┘ - - - - - │
        │       ┌──────────────┼──────────────┐         │
        │       ▼              ▼              ▼          │
 技  ┌────────┐  ┌────────────┐  ┌────────────┐         │
 术  │检索技术│  │ 信息化基础 │  │统计分析技术│         │
 问  └────────┘  └────────────┘  └────────────┘         │
 题       │              │              │               │
         ▼              ▼              ▼                │
      ┌─────────────────────────────┐                  │
      │      结果的有效性验证        │──────────────────┘
      └─────────────────────────────┘
                     │
                     ▼
      ┌─────────────────────────────┐
      │         策略调整            │
      └─────────────────────────────┘
        ┌────────────┼────────────┐
        ▼            ▼            ▼
  ┌──────────┐ ┌──────────┐ ┌──────────┐
  │ 参数调整 │ │ 动态反馈 │ │ 工具调整 │
  └──────────┘ └──────────┘ └──────────┘
```

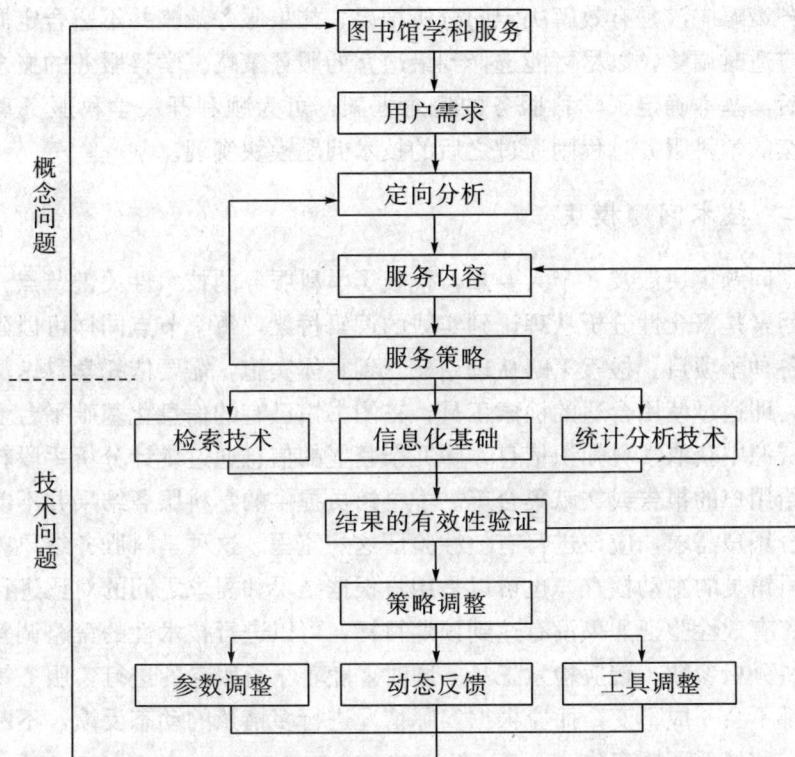

图 2-2-1 联盟价值共创的学科服务 Cardiff 框架模式

（一）概念问题模块

概念问题模块涉及 5 个大的学科服务要素，每个要素高度概括了学科服务概念性流程的关键点，这些要素通过学科服务流程逻辑关系可以进行拓展和延伸。学科服务的 Cardiff 框架模式中的概念起点是图书馆学科馆员开展学科服务这一核心问题，由此展开一系列服务流程。在该模式中，学科服务的逻辑起点是广义的用户需求，即学科服务的开展始于用户主动提出需求，或学科馆员主动获取或感知用户潜在需求。一般来说，用户需求包括获取学科资源分类信息、学科动态咨询、学科知识整合、信息素养培训、学科文献传递、学科信息整合等。学科馆员根据用户需求进行问题的定向分析，参考用户类型、需求类型、问题难度等剖析该项学科服务应该包含哪些内容，确定服务内容后，选择相应的检索工具、平台，组合形成学科服务策略。

在该模块中，"定向分析—服务内容—服务策略" 3 个递进模块又自行形成一个小的闭环，即"定向分析—服务内容—服务策略—定向分析"，提示确定的服务策略应该是有效解决定向分析结果，如果服务策略并不适合定向分析结果，应适时调整，以尽可能选择到最适宜的服务策略。学科服务的概念性分析结束后，基本确定了学科服务的概念框架，可为顺利开展学科服务奠定基础，后续的学科服务过程则通过之后的技术问题模块实现。

（二）技术问题模块

技术问题模块涉及 8 个大要素，代表了学科服务的技术性关键节点，这些技术性因素是概念性分析从理论到实践的逻辑桥梁，每个节点同样可以延伸和扩展为各种子项目。检索策略从理论概念到具体实施，需要依托学科馆员的专业技术，即通过使用合适的检索工具，在图书馆已有的信息化基础平台上，从内外部资源中获取学科知识信息，将冗杂繁复的信息通过统计分析手段转变为可提供给用户的报告或文献集合等。学科馆员提供的学科服务结果并不能保证完全符合用户需求，应该进行有效性验证这一流程。这种学科服务结果验证可以是学科馆员的主动核查，也可以是用户根据结果和需求之间的对比进行的有效反馈。有效性验证如果没有达到预期目标，可以进行技术性的策略调整，即调整学科分析参数、转换检索工具。同时，随着学科服务的进行，服务策略和方式等都不会一成不变，而应根据实际情况进行多情景的动态反馈，不断适应用户需求和外部环境变化。

（三）闭环动态框架

在学科服务的 Cardiff 框架模式中，所有要素都是代表学科服务的关键性流程，每个流程之间包含递进、并列、返回等逻辑关系，整个框架模式由概念问题模块和技术问题模块有机组成，包括一个大闭环结构和两个小闭环结构。大闭环结构由学科服务起点至所有流程完成，之后又返回学科服务这一核心概念，代表一项学科服务所有技术性流程实现后，最终返回学科服务起点，持续进行下一项学科服务业务，循环往复，过程中不断进行调整完善，促使整个学科服务过程形成动态的反馈闭环。

两个小的闭环结构包括"服务策略"向"定向分析"的反馈闭环，以及"结果的有效性验证"向"服务内容"的反馈闭环。"服务策略"向"定向分析"的反馈闭环旨在提升服务策略的适用性、强化服务策略的准确性；"结果的有效性验证"向"服务内容"的反馈闭环则是提示服务结果应与服务内容相匹配，学科馆员应主动核查结果是否与服务内容相适应，而用户也会对服务内容的结果进行对比，如果由于服务结果与服务内容差异而导致无效结果，则返回"服务内容"流程纠正偏差，重新执行后续流程。

第三节　联盟价值共创的学科服务 UTAUT 模型

联盟价值共创的学科服务 Cardiff 框架模式从知识供应的角度提出了学科服务创新模式，而联盟价值共创下的学科服务不仅需要关注学科服务的供应与反馈流程再造问题，还应该研究联盟中用户方的学科服务意愿，从读者视角设计学科服务模型，提升用户参与学科服务、接受学科服务的意愿，以促进联盟价值共创双方的供需平衡。因此，借鉴技术接受和应用整合模型（Unified Theory of Acceptance and Use of Technology，UTAUT），探讨"影响学科服务使用者认知因素"的问题，提出用户视角的联盟价值共创的学科服务使用意愿研究模型。

一、设计思路

UTAUT 模型即技术接受和应用整合模型，由 Venkatesh、Morris 等针对"影响使用者认知因素"的问题，在总结类似的意愿模型基础上提出的较完善理论模型。该模型包括四个核心维度：一是绩效期望（Performance Expectancy，PE），代表了用户感觉使用该系统或服务对个人的帮助程度；二是努力期望（Effort Expectancy，EE），代表了用户使用时需要付出的努力和代价程度；三是社群影响（Social Influence，SI），是指用户受到周围群体的影响程度；四是便利条件（Facilitating Conditions，FC），指个人使用时感受到相关技术、设备等方面的支持程度。该模型围绕"行为意向决定使用行为"的主线，探索了上述四个核心意向如何影响个体的使用行为，同时还可以加入并探讨年龄、经验、职业等变量如何调节这些意向作用效果。该模型目前在教育领域如网络教学、云课堂、慕课等方面广泛运用，能够更准确、有效地解释使用意愿及使用行为。

二、学科服务 UTAUT 模型构建

联盟价值共创的学科服务必然需要重视用户对学科服务的使用意愿，这是促使联盟双方共同创造价值的基础。因此，本书结合医学图书馆学科服务特点，提出影响用户使用学科服务的关键因素，在原有理论模型基础上，对模型加以改进和重构，构建联盟价值共创的学科服务 UTAUT 模型，如图 2-3-1

所示。该理论模型包括自变量、调节变量和因变量三大部分，而所有变量最终影响用户的行为决策。自变量包括结果预期、努力预期、氛围影响、基础条件、信息质量、成本风险。调节变量包括学科类别、用户类别、职称学历。因变量是用户接受学科服务意愿。

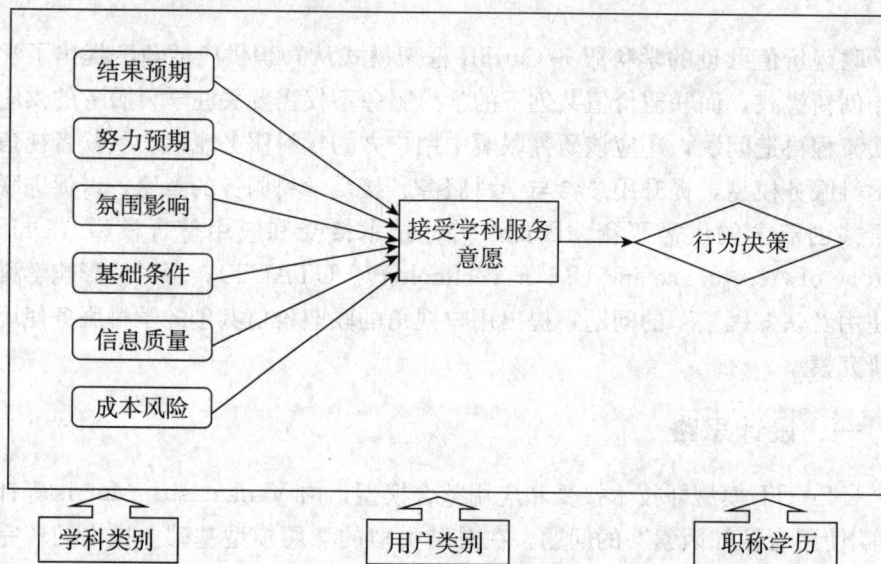

图 2-3-1　联盟价值共创的学科服务 UTAUT 模型

（一）自变量定义

针对模型的六个自变量，提出定义的研究设想。

结果预期：用户认为使用学科服务后可以获取到明显的积极正向结果，则会增强其使用意愿。也就是当用户认为使用图书馆提供的学科服务能够有效帮助自己获取到所需资源、提高科研学习效率时，用户则会更加愿意使用学科服务。相反，如果接受学科服务后所获得的结果和用户自主获取信息的结果差距不大时，那么其使用意愿则会降低。

努力预期：努力预期是指用户使用学科服务所需付出的努力或代价多少，通俗来讲则是学科服务是否容易获取。当用户感觉到图书提供学科服务的途径较多、条件限制较少、操作简单便捷时，那么使用学科服务的意愿更高。

氛围影响：高校学科服务用户基本为学校师生，其在学校环境中必然会受到周围群体的影响。如果周围群体对学科服务均有认同及使用经历，那么会激发很多潜在学科服务用户，曾经接受学科服务的用户如果对结果较满意也会推荐其他用户尝试。因此，当高校师生群体对学科服务形成一定的认同氛围后，则会直接增加用户群体接受学科服务的意愿。

基础条件：学科服务内涵丰富、手段多种多样，因此用户接受学科服务时难免会遇到不同的问题。如果用户在接受学科服务时所需的硬件、网络条件、空间条件等能得到有效支持，使用户认为学科服务具有便利性，那么这些因素就会增加用户的使用意愿。

信息质量：学科服务结果信息的准确性、有效性、时效性对用户的使用意愿有着重要影响。如果学科服务提供的信息质量越高，则用户对学科服务的使用态度会越积极。

成本风险：用户是否选择一项服务，很大程度上也会依赖于估量接受服务所付出的时间、精力、财务成本，评估接受服务的风险。学科服务虽然是提供知识服务的过程，但是用户使用时仍会耗费一定的时间精力及费用。且很多学者在接受学科服务时还会担心学科服务的保密机制是否完备，是否会泄露其研究核心方向等。因此，如果成本风险越高，则用户的使用意愿越低。

（二）调节变量定义

针对高校的用户特点，该模型的调节变量分为学科类别、用户类别、职称学历三种。学科的不同会导致学科服务的预期程度及服务程度差异；用户类别也有教师、学生等差别，不同类别对学科服务的需求不同，学科服务手段不同；职称学历等因素会造成个体对信息的接受和理解程度差异。这些变量会在不同程度上发挥用户意愿调节作用。

（三）因变量定义

该模型的因变量是用户接受学科服务的意愿。这一因变量受到自变量和调节变量的共同作用，最终影响用户的决策行为，即是否接受学科服务。在该模型的实际运用中，还可以通过问卷调查和统计分析方法，进一步研究各变量对使用意愿的总效果，更深入探讨何种变量对学科服务意愿影响更大，帮助医学图书馆持续提升学科服务水平。

第四节　联盟价值共创的学科服务模式应用与评价

一、学科服务模式的实施路径

学科服务模式实施需要遵循一定的路径，并且需要通过目标解读，确定方案重点与难点。在学科服务这一复杂过程中，重点是要确定主要服务内容，也就是业务的划分。将服务内容进行细化，制定各大学科服务领域包括的子服务内容。在现阶段，根据医学图书馆学科服务的实际情况，学科服务实施的重点应该为多维度医学人文素养培养、区域医学信息联盟构建、公共健康知识平台构建。学科服务实施的难点是如何统一协调各学科服务内容的比例，如何统一各服务内容之间的联系，使各服务内容能达到协同服务的效果。此外，医学图书馆信息化基础不统一，人才队伍建设滞后也是学科服务难点。

按照学科服务特点与一般方案实施的基本步骤，确定学科服务实施中的关键节点，将医学图书馆学科服务模式实施路径分为五大阶段。

第一阶段：明确服务目标。在学科服务实施过程中，明确目标才能找准方向，明确目标才能抓住实施服务的关键。医学图书馆学科服务应始终以服务医学领域目标为导向，明确目标所指向的各任务，才能确保学科服务实施过程中不会偏离预定的轨迹，确保信息反馈结果朝着预期的目标进行。

第二阶段：分解实施任务。完整的学科服务过程包含众多子任务，只有将每种类型的任务进行科学的分解，确定任务界限，才能让学科服务的总体实施有章可依，有序进行。分析方案中各子任务的优先级，对子任务之间的逻辑关系进行分析，确定各子任务实施策略，并要明确各子任务的目标、边界和资源投入计划。制定各子任务的时间计划表，将任务责任落实到具体的部门和人员。制定有效的具体实施策略，确保任务的持续推进。

第三阶段：组织各种资源。学科服务的顺利实施是以各种资源为基础与支撑的。进行学科服务前，需要按照各种资源的分类，将学科馆员、信息、空间、技术等资源进行配置，制订资源组织计划，为学科服务的持续开展奠定基础。

第四阶段：实施过程管理。根据学科服务实施的范围和资源制定相应项目组织和项目计划。按照学科服务模式涉及的关键时间点、资源组织计划等，制定详细的服务制度。严格按照实施策略所包括的各种策略和工作规程对学科服务进程进行管理。

第五阶段：模式改进提升。在学科服务过程中，对模式运用的具体情况进行实时的监测与反馈，根据实际情况进行调整与改进，并根据实施过程中出现的问题调整相应的服务策略，促进学科服务模式不断完善，适应医学图书馆发展目标。

二、推进学科服务模式应用的建议

当前各高校图书馆和公共图书馆都在积极探索具有自身特色的学科服务模式，也在不断尝试学科服务模式的创新。虽然学科服务模式创新有很多成功案例，但各类图书馆自身条件的差异使很多经验无法复制。医学图书馆由于其学科的偏重性，使其学科服务的特色不可避免需要向医学领域倾斜，在进行学科服务模式应用时也需要更多考虑如何服务一线教师、医学生及医学从业人员。因此，针对医学图书馆学科服务模式应用，提出以下几点推进建议。

（一）持续开展学科资源建设

新时代的发展对高校和科研机构提出了更高要求，国家"双一流"高校战略体现了高等教育的全新目标和准则，各高校图书馆深入挖掘服务科研、教学、学习的任务，同时向深层次化、专业化与嵌入式的学科服务方向纵深发展。面对当前错综复杂的医疗背景和公共卫生大环境，医学图书馆更需要把握时代脉络，瞄准医学学科的专业化、交叉性发展趋势，有的放矢进行特色医学资源建设，例如纸质医学馆藏资源与电子资源均衡协调发展、引进支持前沿医学研究的相关学术数据库、建设针对医学专科的科研资源数据库。同时，医学图书馆应该树立医学情报中心的理念，在横向上主动吸纳医学前沿领域研究动态，获取医学情报信息，增加学科服务用户群体接触新知识、触发新思想的机遇。

（二）加强专业人才队伍建设

学科馆员是学科服务开展的基础保障，也是学科服务模式创新的主体。当前医学学科发展迅速、服务环境多变、服务对象多元化，开展高水平学科服务更需要复合型学科馆员队伍。目前，很多医学图书馆学科服务已经突破图书馆空间限制，给一线教师、科研工作者、学生开展定制化、主动式服务。学科服务场所由传统的图书馆变为实验室、教室、医院等。专业学科服务人才可帮助用户极大地提高科研、教学、学习效率得到业界人士的高度认可。然而，当前图书馆普遍面临学科馆员数量不足、人员素质与服务技能欠缺、培训机会较少等问题，都制约着专业、复合型学科服务人员队伍的建设。因此，加强人才引进特别是具备医学及相关学科背景与图书馆学专业背景的人才是助推学科服务模式创新的基本要素。同时也应积极强化现有其他馆员的综合素质，以学科服务带动图书馆全面服务，提升图书馆在高校或区域内的影响力。

（三）完善学科服务制度建设

完善学科服务的制度建设，是保证学科服务开展的效率和公平性的基础。学科馆员作为组织中的社会人，同样需要精神激励及物质激励，保持其开展学科服务的热情，提高工作的积极性。学科馆员的激励不容忽视，建立科学的评价机制与奖惩机制能够有效规范服务标准、提升服务效度，同时也能有效激励学科馆员不断改进学科服务方式。例如建立定期汇报考核机制，建立由专家、馆领导、用户代表组成的审核小组对服务进行考核，对考核发现的问题积极反馈改进，对反映良好的人员与团队进行物质奖励和精神激励。同时定期总结学科服务的先进经验并进行推广，整理汇总经验作为学科服务模式创新的现实依据。

（四）加强用户联系，重视反馈

学科服务作为图书馆的重要服务内容，和其他读者服务一样，都需要秉承读者至上宗旨，真正在用户身边开展服务，与用户形成合作共赢关系。学科馆员应摆脱传统的被动服务模式，主动适应用户，发掘、分析客户潜在需求，将学科服务贯穿用户科研、学习整个过程。例如可以建立基于微信等社交媒体的学科服务平台融入用户虚拟空间，深入院系和医院一线开展讲座等宣传活动，融入用户工作空间以及建立学科馆员服务团队。建立用户反馈机制，丰富用户参与学科服务资源建设渠道，完善用户意见反馈途径。例如，建立专门的用户意见、建议反馈平台，开展定期的用户、馆员座谈会等。通过与用户的紧密联系，有效追踪用户需求，为学科服务模式创新提供真实有效的数据支持。

（五）面向用户推动服务联盟

学科服务的核心点是主动或被动地提供知识信息，满足用户需求，为用户提供有参考价值的学科信息，有效服务于高校或团队组织的教学科研事业。学科服务的价值仍旧体现为用户的满意度和反馈的有效性，现代学科服务要求在传统学科服务的系统资源再组织基础上，集成个人知识管理、团队科研协作服务、学科服务工具、在线参考咨询管理，打造以用户为核心的全新的学科服务模式。因此，面向用户的学科服务模式应成为现代学科服务模式应用的关注点。

学科服务模式应用中突出面向用户有多种途径，不同类型的图书馆可以根据自身特点进行学科馆员和用户的联系。如在高校图书馆中，可以把学科馆员从院系延伸到科研团队，将用户群体进行细分，对重点科研团队进行专题服务，支持学术资源向科研团队的准确推送；针对个人用户，集成个人知识管理、一对一科研协作服务，把学科服务系统变为科研教学活动的主要活动场所之一；提供"在线咨询"的绿色通道，方便个人或团队用户咨询，实现学科服务对科研、教学的过程嵌入，将咨询结果自动沉淀为学术资源；针对医学临床科研人员时间紧、任务重的特点，可以利用虚拟团队科研协作系统，在为科研团队提供科研协同服务的同时，把团队内部积累的资源认作内部学术资源，图书馆搭建平台，科研人员填充医学科研信息，实现特色医学学术资源的自动正向增长；为学科馆员和用户提供高效学科服务工具，挖掘更多有价值的资源平台，完善馆藏资源结构，提高用户对学科服务的信任度；支持馆员对学科服务工作的统计分析，实现从"粗放管理"向"精细管理"的转型，把学科管理人员列为服务对象，提供学科竞争性情报，为多样化、多层次学科服务提供有力保障。

三、学科服务模式的评价

(一) 学科服务模式评价的意义

学科服务的开展可以看作一项复杂、长期、动态的系统工程，在持续的服务过程中会发生服务模式调整、完善、转变等，通过科学合理的规划指导才能更顺利地进行学科服务。学科服务评价的目的是对现有的模式进行客观审查，运用数学分析工具，判别学科服务模式的综合水平，以便在多种模式中选择最佳方案，为决策者和学科服务实施者提供决策的科学依据。因此，从哪些方面进行评价，从什么角度进行分析，都直接关系到评价结果是否科学准确。为了综合衡量各种模式的优劣，学科服务评价需要采用规范化的评价方法，从系统思想出发，筛选现有的可用评价方法，针对学科服务模式评价的原则、标准、评价指标的构建进行分析，建立适应自身图书馆特征的学科服务评价模型，为学科服务模式的评估、选择、完善提供参考。

（二）学科服务模式评价的原则

为了科学、客观、全面地进行学科服务模式评价，必须选取科学合理的评价指标，应遵循以下原则。

1. 系统性原则

评价指标要形成系统结构，应包括与学科服务模式有关的主体、客体、技术、资源、平台、策略等。构建的指标体系应该具有层次性，指标体系的构建可以从整体到局部，也可从宏观到微观。评价方法与被评价的系统能形成一个和谐的整体，评价必须建立在真实、合理和系统的基础数据之上，被评价的系统应该能够提供所需的系统化数据和资料。系统性原则要求评价指标应该全面反映学科服务各个方面的特征，充分考虑各种影响服务水平的因素，尽可能找出反映服务质量的主要指标，同时要注意指标之间的相互关系，体现统一性。

2. 相对独立性原则

科学的评价体系中，评价指标应该相互关联，但又需要具有相对独立性。只有确保评价指标具有一定的典型代表性，才有可能准确反映出特定指标的综合特征。尽管学科服务评价体系是一个层次分明、要素间相互联系的有机整体，但指标体系内不同属性的指标应具有相对独立性，以便能够单独反映学科服务模式某一方面的属性和状态，且有一定的代表性。在评价指标的选择上应该避免选择意义相近、表达相似的高相关性的指标。

3. 简洁性原则

对学科服务模式进行评价，评价指标的选择应该精简，涵盖核心内容，避免冗杂和过简单。指标冗杂会使评价系统过于烦琐，相互重叠；指标过少及过简单容易出现指标信息遗漏、错误、不真实现象。简洁的指标能客观真实地反映学科服务模式特点和状况，能客观全面反映出各指标之间的真实关系。

4. 客观性原则

评价指标的选择要符合现实，尽可能避免主观干扰。评价是决策的前提，评价的核心任务是"度量"，而决策的核心任务是"选择"，评价结果的质量直接影响着决策的水平。为此，评价体系必须客观、公正地反映学科服务事实。

5. 可操作性原则

评价中选取的学科服务模式指标应该具有可比性和可测性。指标选择上，应该特别注意在总体范围内的一致性，指标体系的构建是为模式选择和科学管理服务的，指标选取的计算量度和计算方法必须一致，各指标尽量简单明了、微观性强、便于收集，各指标应该要具有很强的现实可操作性和可比性。而且，评价指标也要考虑能否进行定量处理，以便于进行数学计算和分析。

(三) 学科服务模式评价的方法

对于一个复杂的学科服务模式来说，"最优"这个词的含义并不是十分明确，而评价是否为"最优"的尺度也是随着时间和实际情况变化的。因此，学科服务作为一种服务模式，也具有其他服务模式的共性，通过合适的评价方法可以全面评定服务模式的价值，以推进学科服务模式不断完善。综合现有评价方法的适用性和可操作性，主要介绍六种可借鉴的服务质量评价方法进行学科服务评价，即平衡记分卡法、模糊综合评价法、层次分析法、360度反馈评价法、图书馆服务质量评价模型（LibQUAL+™）、数据包络分析法。

1. 平衡计分卡法

平衡记分卡法于 1992 年由卡普兰与诺顿提出，他们在《哈佛商业评论》发表了一篇论文，其中提出了平衡计分卡（Balanced Score Card，BSC）概念。经过多年的发展，平衡计分卡已从最初的业绩衡量体系转变成为用于战略执行的新绩效管理体系，平衡计分卡的应用和研究已取得了重大的突破。平衡计分卡以企业战略为导向，通过财务、客户、内部业务流程和学习与增长四个方面及其业绩指标的因果关系，全面管理和评价企业综合业绩，是企业愿景和战略的具体体现，既是一个绩效评价系统也是一个有效的战略管理系统。

平衡记分卡中的每一项指标都是一系列因果关系中的一环，既是结果又是驱动因素，通过这些环环相扣的因素，可以将学科服务的目标与过程联系在一起。在实际使用中，可以将学科服务各相关因素进行联系评价。学科服务技术和服务管理决定学科服务的质量和结果有效性，服务质量和结果有效性决定用户满意度和评价，用户满意度和评价、服务质量等决定学科服务使用率及普及度。为提高图书馆学科服务的使用率及普及度，必须提高服务质量及结果有效性，赢得用户的信赖；要使用户信赖，必须提供用户满意的服务结果，为此不断优化学科服务流程；不断优化学科服务流程，必须不断提升学科馆员综合素质，并创新学科服务手段。平衡计分卡能有效解决制定目标和实施战略脱节的问题，推进"战略中心型组织"，是加强学科服务执行力的有效的战略管理工具。

2. 模糊综合评价法

模糊综合评价法是一种基于模糊数学的综合评价方法。模糊集合理论的概念于1965年由美国自动控制专家查德（Zadeh）教授提出，用以表达事物的不确定性。模糊综合评价法根据模糊数学的隶属度理论把定性评价转化为定量评价，即用模糊数学对受到多种因素制约的事物或对象做出一个总体的评价。建立在模糊集合基础上的模糊综合评判方法，从多个指标对被评价事物隶属等级状况进行综合性评判。它把被评判事物的变化区间做出划分：一方面可以顾及对象的层次性，使得评价标准、影响因素的模糊性得以体现；另一方面在评价中又可以充分发挥个人经验，使评价结果更客观，符合实际情况。该方法具有结果清晰、系统性强的特点，能较好地解决模糊的、难以量化的问题，适合各种非确定性问题的解决。该方法可以依据各类评价因素的特征，确定评价值与评价因素值之间的函数关系（即隶属度函数）。确定这种函数关系（隶属度函数）有很多种方法，例如F统计方法、各种类型的F分布等。当然，也可以请有经验的专家进行分析评估后直接给出评价值。模糊综合评判可以做到定性和定量因素相结合，扩大信息量，使评价可靠性得以提高，评价结论可信度高。

3. 层次分析法

层次分析法（Analytic Hierarchy Process，AHP）是著名运筹学家萨蒂在20世纪70年代提出的。它是一种决策者将复杂系统决策思维过程模型化、数量化的过程，具有实用性、系统性和简洁性等优点，体现了人的分解—判断—综合的思维特征。层次分析法的原理是根据具有递阶结构的目标、子目标、约束条件及部门等来评价方案，先用两两比较的方法确定判断矩阵，然后把判断矩阵的最大特征根相应的特征向量的分量作为相应的系数，最后计算出权重（或优先程度）。作为一种定性和定量相结合的工具，该方法目前已在项目规划、教育计划、工业规划、成本决策、资源分配和冲突分析等方面得到了广泛的应用。将层次分析法运用于学科服务模式评价的基本过程为：①分析学科服务模式，提炼出其中涉及的主要因素。②分析学科服务模式各要素之间的隶属关系、关联程度，构建层次结构模型。③对同一层次的各因素对上一层该准则的相对重要性进行两两比较，构造判断矩阵。④由判断矩阵计算被比较因素对上一层该准则的相对权重，并进行一致性检验。⑤运用统计学工具，计算各层次对于学科服务总目标的权重，进行层次单排序、层次总排序，由此得出学科服务模式中影响总目标的重要因素。

4. 360 度反馈评价法

360 度反馈评价法，也称为全方位反馈评价或多源反馈评价法。传统的绩效评价法，主要由被评价者的上级对其进行评价，而 360 度反馈评价法则由与被评价者有密切关系的人，包括被评价者的上级、同事、下属和用户等，分别匿名对被评价者进行评价，被评价者自己也对自己进行评价。因此，可以将此方法运用于对具体学科服务模式中学科馆员的评价，由专业人员根据有关人员对被评价者的评价，对比被评价者的自我评价给被评价者提供反馈。被评价者通过综合评价知晓各方面的意见，清楚自身在学科服务过程中的优缺点，以帮助被评价的学科馆员提高其能力水平和综合素质，推进学科服务模式的有效应用。360 度反馈评价法一般采用问卷形式实现。问卷的形式分为两种：一种是给评价者提供 5 分等级或者 7 分等级的量表（称为等级量表），让评价者选择相应的分值；另一种是让评价者写出自己的评价意见（称为开放式问题）。两种形式也可以综合采用。从问卷的内容来看，问题可以是与被评价者的工作情景密切相关的行为，也可以是比较共性的行为，或者二者的综合。360 度反馈评价法对软服务具有较高的适用性，可以提高服务评价的可信性、公平性和可接受性。

5. 图书馆服务质量评价模型（LibQUAL＋™）

1999 年，美国研究图书馆协会（Association of Research Libraries，ARL）与得克萨斯大学图书馆合作开始了 "LibQUAL ＋™ 研究计划"，在 SERVQUAL 评价模型的基础上，广泛征求客户意见，不断优化指标，构建了适用于图书馆学科服务质量评价的 SERVQUAL 版本——LibQUAL＋™。该评价模型将图书馆的环境条件、馆内的用户引导等因素纳入考核范畴，设置 8 个一级指标和 41 个具体的评价指标，改进了 SERVQUAL 模型的缺陷，实现了对图书馆服务质量影响因素的全覆盖。LibQUAL＋™经过不断优化，形成了 2004 年版 LibQUAL＋™的 22 个主要指标与 5 个针对不同图书馆而设置的个性化指标，从而构成了稳定的核心评价体系。优化后的评价模型针对不同类型图书馆在评价过程中更加地贴近实际，极大地提高了评价的可靠性。此评价模型可以规范服务执行者的服务方式和态度，提高服务执行者的服务素养，树立客户需求为导向的服务理念。但是，LibQUAL＋™问卷的设计是针对所有用户群体的，因此在面对用户的差异化方面优化性不够，在使用时还需要进行细节优化和问卷的差异性体现。

6. 数据包络分析方法

数据包络分析法（Data Envelopment Analysis，DEA）及其模型于 1978 年由美国著名运筹学家 Charnes 和 Cooper 提出，DEA 方法是运筹学、管理科学与数理经济学交叉研究的一个新成果。该评价方法是根据多项投入指标和多项产出指标，利用线性规划的方法，对具有可比性的同类型单位进行相对有效性评价的一种数量分析方法。自提出以来，其已广泛应用于不同行业及部门，并且在处理多指标投入和多指标产出方面，体现了其得天独厚的优势。数据包络分析法可用于衡量学科服务的生产力，通过明确地考虑多种投入（即资源）的运用和多种产出（即服务）的产生，用来比较提供相似服务的多个服务单位之间的效率。这样，就能运用 DEA 来比较多组学科服务团队，识别相对效率较低的学科服务团队，衡量无效率或效率低的严重性，并通过对低效率和有效率团队的比较，发现提高学科服务效率的方法。

上述方法都具有各自的优势，可以对学科服务质量进行不同角度的评价。但是这些评价方法也有各自的缺陷，评价方法的角度问题会使评价结果出现偏差，例如有的模型是以用户视角审视服务质量，而用户感知的服务质量并不等价于学科服务质量。因此，在评价方法的选择上需要仔细研究、考量被评价的学科服务中的各个影响因素，对尚待完善的模型有针对性地进行改进，增加相关的影响因素或选择更加适应学科服务的质量评价方法。

参考文献：

[1] 楚存坤，孙思琴. 高校图书馆学科馆员分层服务模型研究 [J]. 图书馆工作与研究，2012（2）：50—52.

[2] 盈江燕. 基于机构知识库的学科服务模式研究 [D]. 镇江：江苏大学，2016.

[3] 张永鹏. 高校图书馆嵌入式学科服务质量评价体系研究 [D]. 曲阜：曲阜师范大学，2018.

[4] 张黎. 高校图书馆学科化服务创新研究 [M]. 北京：中国纺织出版社，2019.

［5］汪应洛. 系统工程学［M］. 3 版. 北京：高等教育出版社，2007.

［6］张文静. 基于 UTAUT 模型的高校档案馆微信服务使用意愿研究［D］.
　　合肥：安徽大学，2019.

第三章　支撑学科服务的资源建设
与文献检索工具

第一节　支撑学科服务的资源建设

一、概述

学科服务的资源是开展学科服务的基本保障，形成多维度的资源联盟体系，可以为医学图书馆开展专业性的学科服务打下坚实基础。一般来说，学科服务的资源建设包括商业数据库、医学开放资源、特色数据库三大方面。构建多类型的资源联盟体系，是顺应互联网环境下的读者科研学习需求的重要手段，也是学科服务资源建设的基本路径。

商业数据库。医学图书馆购买各类商业数据库是其构建电子资源体系的主要手段，各图书馆根据学科特点与经费情况，均会购买适合自身的商业数据库，保障学校的教学科研。一般来说，医学图书馆除购买主流的知网、万方、维普等中文全文数据库外，还会依据医学图书馆特色购买中外文医学专业数据库等。

医学开放资源。免费或开放获取资源的利用是现代图书馆资源服务的重要手段，医学图书馆学科服务应重视对免费或开放获取资源的宣传与利用。例如申请成为 CALIS、CASHL 成员馆，申请成为 NSTL 的免费文献使用机构，借助科技部、教育部等相关文献保障体系，提高高校师生的文献保障率。图书馆网站也可设置开放获取栏目，罗列世界范围内部分比较重要的开放获取资源，如 CoChrane 循证医学数据库、默沙东诊疗手册、WebMD 医学信息网、欧洲生物信息研究所的 EMBL-EBI 数据库等。

特色数据库建设。医学图书馆在构建付费与开放资源的基础上，还可以探索自建特色数据库，作为学科服务资源的特色文献予以补充。根据医学的学科特色，可以构建临床医学特色数据库、老年医学特色数据库、热生物医学特色数据库、灾难医学特色数据库等。依托生物医学电子馆藏、网络上的开放资源，构建适合本校专业建设和科研需要的生物医学类特色数据库，为教学、学科建设提供特色医学文献服务。

资源联盟体系建设。随着文献数字化的深入发展，电子资源建设已经成为助推学科服务纵深发展的关键要素，医学图书馆如何将各类型电子资源进行整合利用成了现代学科服务的重要命题。医学图书馆依托于购买的商业数据库可以构建基本的电子资源服务体系，但由于购买经费及商业数据库的覆盖性限制，仅仅依靠商业数据库是无法满足大量且分散的学科服务资源需求的，这就需要广泛获取开放的医学资源作为补充。同时，每个医学图书馆都会有各自的专业特色，在商业数据库与开放医学资源的基础上，形成自建特色数据库，储存和积累医学图书馆的特色资源，帮助高校形成自身的学科文献资源优势和文献资源储备，用资源联盟体系助推医学图书馆学科服务长远发展。

二、利用黄金分割法则开展学科服务资源建设

近年来，就如何利用有限的经费进行有效的图书馆馆藏建设，国内外学者进行了大量的研究，不少研究者提出了基于"二八定律"＋"长尾理论"的优化采访模式，即通过构建长尾来满足潜在读者的潜在信息需求；依据二八定律来重点采购使用率最高的前 20% 文献资源，以在有限的条件下最大限度地满足大部分读者的阅读需求；两者相互补充可以使图书馆的投入取得最大化的效果。但有效应用长尾理论的前提条件之一是"应有尽有"，曲线尾部足够长，需要巨量的资源供应作保证。满足长尾需求需投入巨量的资金，从而使得长尾理论优化采访模式大多只能停留在理论分析上，而难以应用到图书馆的文献资源建设中。究其根源，主要是现有研究没有解决长尾到底应该是多长，尾部的最优长度是多少，尾部的定量界限依据是什么，怎样才能在有限条件下取得经费投入与读者需求间的平衡。为此，本书尝试引入黄金分割法则来对长尾理论予以补足，既可能对尾部的有效长度进行定量界定，又可避免因使用严格概率统计达到相同目的而建立分析模型所需的繁杂计算。

（一）长尾理论与黄金分割法则

美国《连线》杂志主编 Chris Anderson 基于对网络经济的长尾现象的观察与描述于 2004 年提出了长尾理论，其基本思想是：无尽的选择创造巨量的需求，即积少成多，聚沙成塔。其意义在于：揭示了网络信息时代下"尾巴"的

重要性，众多微小的需求可以汇聚成与主流需求相匹敌的市场能量，给传统的只重视主流需求的服务模式指出了提升业务水平的另一个发展方向。长尾理论是"二八定律"在网络时代的发展与变化。

黄金分割法则是一条公认的著名美学定律，由毕达哥拉斯（Pythagoras）学派发现，已推广应用于音乐、绘画、雕塑、管理与工程设计等之中，取得了良好的效果。所谓黄金分割是指：要使整体最具美感地被一分为二，则较大部分与整体部分的比值等于较小部分与较大部分的比值，其值约为 0.618（如图 3-1-1）。结合 20/80 规则、黄金分割的长尾曲线如图 3-1-2 所示。

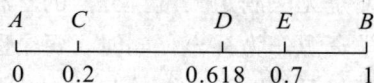

图 3-1-1　线段上的黄金分割点

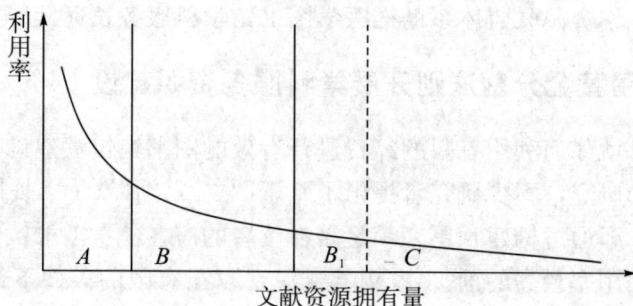

图 3-1-2　三种理论下的长尾曲线

图 3-1-1 中，AB 为长度为 1 的线段，D 点为黄金分割点，其值为 0.618；C 点值为 0.2，代表 20/80 的分界点；E 点为长尾线段 CB 的黄金分割点，CE 的长度占 CB 长度的 0.618，则 AE 长度约为 AB 长度的 0.7 倍，所以，0.7 可以看作为广义的黄金分割点。

图 3-1-2 中，区域 A 体现了 20/80 规则，为高效利用区；区域 B 或 B_1 加上区域 C 为长尾区，为长尾理论所控制。其中，区域 B 或 B_1 代表黄金分割法则的支配范围，为大宗利用区；区域 C 为低效长尾区。

（二）黄金分割法则在数字资源利用中的适用性验证

是否可以将黄金分割点作为长尾的一个经济技术平衡界限点，以提高数字资源建设的经济性与有效性？本部分以数据库中文献下载率作为数字资源利用程度的判断标准，验证黄金分割法则指导图书馆数字资源建设的适用性与可行性。

1. 黄金分割法则在主题词检索方式下的利用体现

进入 CNKI 期刊数据库，应用"高级检索"，勾选"来源类别"中的 CSSCI，在"主题"中分别输入不同学科的"长尾理论""甲状腺""诉讼时效"等检索词，按"检索"键检索，点击"排序－下载"，检索系统按每篇论文的下载次数从高到低列出各主题的全部期刊论文及下载数量。统计出各主题期刊论文的下载次数与下载率，具体数据见表 3－1－1 至表 3－1－3 及图 3－1－3。

表 3－1－1　"长尾理论"主题的下载分布统计

头部比例	篇数	下载次数	下载比例
20.0%	37	95114	69.98%
61.8%	116	126865	93.33%
70.0%	131	130089	95.71%
100%	187	135919	100%

表 3－1－2　"甲状腺"主题的下载分布统计

头部比例	篇数	下载次数	下载比例
20.0%	6	1925	41.63%
61.8%	20	4185	90.51%
70.0%	22	4286	92.69%
100%	32	4624	100%

表 3－1－3　"诉讼时效"主题的下载分布统计

头部比例	篇数	下载次数	下载比例
20.0%	72	101352	54.04%
61.8%	222	69693	90.49%
70.0%	251	176198	93.95%
100%	359	187535	100%

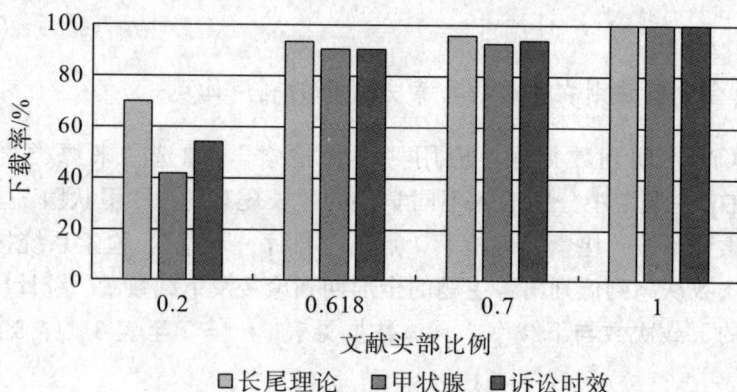

图 3-1-3　文献篇数比例对主题下载率的影响

从表 3-1-1 至表 3-1-3 及图 3-1-3 可以看出：三种不同类型的主题词下载中，前 20% 的文献提供的下载率均不到全部下载率的 80%，最低为 41.63%，最高为 69.98%，说明在网络条件下图书馆的文献资源利用率确实偏离了 20/80 规则，需要重视长尾现象；前 61.8% 文献提供的下载率均超过了全部下载率的 90%，最高达到了 93.33%，最低也达到了 90.49%，说明黄金分割比例下的文献资源利用率占到了总利用率的绝大多数，可以将黄金分割点作为长尾曲线的经济技术平衡界限点。

2. 黄金分割法则在分类检索方式下的利用体现

进入 CNKI 期刊数据库，应用"高级检索"，勾选"来源类别"中的CSSCI，在"中图分类号"中分别输入"B846""R28""K21"等类号，按"检索"键检索，点击"排序-下载"，检索系统按每篇论文的下载次数从高到低列出各主题的全部期刊论文及下载数量。统计出各主题期刊论文的下载次数与下载率，具体数据见表 3-1-4 至表 3-1-6。

表 3-1-4　R846 学科类的下载分布统计

头部比例	篇数	下载次数	下载比例
20.0%	59	93868	53.08%
61.8%	182	157915	89.29%
70.0%	206	164300	92.90%
100%	294	176849	100%

表 3－1－5　　R28 学科类的下载分布统计

头部比例	篇数	下载次数	下载比例
20.0%	37	20221	49.46%
61.8%	113	35323	86.40%
70.0%	128	37153	90.87%
100%	183	40884	100%

表 3－1－6　　K21 学科类的下载分布统计

头部比例	篇数	下载次数	下载比例
20.0%	40	22271	46.44%
61.8%	122	42057	87.70%
70.0%	139	44301	92.38%
100%	198	47954	100%

从表 3－1－4 至表 3－1－6 可以看出：三种不同类型、不同级别的中图分类号下载中，前 20% 的文献提供的下载率分别为 53.08%、49.46%、46.44%，前 61.8% 文献提供的下载率分别为 89.29%、86.40%、87.7%，前 70% 文献提供的下载率分别达到了 92.9%、90.87%、92.38%。

这说明分类检索同样具有长尾现象，而黄金分割比例下的文献资源利用率同样占到了总利用率的绝大多数，再次证明可以将黄金分割点作为长尾曲线的经济技术平衡界限点。

（三）黄金分割法则在数字资源建设中的应用探析

1. 长尾理论指导下的文献资源建设

非网络条件下的文献资源利用基本遵循 20/80 规律，即图书馆的全部藏书中，约 20% 的常用藏书可以满足 80% 读者的需求，而其余约 80% 的不常用藏书只能满足 20% 读者的需求。此阶段，图书馆文献资源建设普遍以"二八定律"为指导，结合本单位的学科特点，重点建设 20% 常用的文献资源，避免了经费分散导致不能满足读者的主要信息需求，从而取得了良好的效果。

但是在互联网条件下，人们对信息的需求及其获取方式更少受时间和空间的限制，对文献资源的利用正逐渐偏离 20/80 规律，曲线右移，即出现了长尾现象。如辛辛那提大学法学院保罗·卡隆（Paul Caron）教授研究发现，社会科学研究网络（Social Science Research Network，SSRN）中法学文献（按作者）的下载频次分布和法学文献（按作者）被引用的频次分布，都从以前的近乎遵守二八定律到近年的分布重心逐渐向尾部移动；下载次数位于前 20％的期刊的总下载量只占所有期刊下载量的 40％多，而其他 80％期刊的总下载量则达到 50％多。这表明网络条件下的文献资源利用更符合长尾理论。

基于长尾理论的文献资源建设，研究成果众多：建立新的服务理念与服务制度；优化馆藏结构，加强对"长尾"资源的采访和收集；数字化馆藏资源，大力采访数字化资源；加强馆际互借、共享。这些研究成果的实施必将提高文献资源的利用率，提升文献资源保障程度。但是长尾文献资源的采访、收集、数字化必将耗费大量的人、财、物力，在图书馆投入有限的条件下，如果一味追求尾部的长度，必然会顾此失彼，不但不能将长尾构建好，还会使重点资源的建设失去保障。

2. 黄金分割法则在数字资源建设中的应用探析

图书馆文献资源长尾建设一味强调长尾越长覆盖面越广，越有可能取得长尾收益，但忽略了图书馆与大数据支撑的世界级互联网公司的长尾差异的问题。黄金分割法则的基本原理是以一种数学手段为约束，使事物的某种表现效果达到最优状态。黄金分割法则不是对图书馆文献资源长尾建设的否定，而是对尾部长度进行有益限制，对其经济性与有效性予以协调优化。

（1）黄金分割点作为数字资源建设经费标示点。

数字资源已逐步成为图书馆的重要文献资源，利用率也较纸质资源高。目前绝大部分图书馆的数字资源建设经费远超过了纸质资源建设经费。作为文献资源保障重点的一次文献，如期刊、学位论文数据库，是数字资源建设的重点，也是经费使用的重点。图书馆为构建长尾资源，往往购买有多个数据库，这些数据库包含的文献部分是重复的，仅有少部分文献为某一数据库独有。在实际经费安排上，经调查川内部分高校图书馆，为节约采购成本，图书馆一般将 70％的经费用于购买一次文献数据库，保障主要文献信息需求；而将 30％的经费用于购买馆际互借平台或用于馆际文献互借费用，保障长尾需求。图书馆数字资源经费安排，基本契合前述的实验结论，将 0.7 这一广义黄金分割点作为数字资源建设经费标识点。标识点前的大部分经费购买核心资源，保障重点一次文献以及 90％的文献信息需求；标识点后的少部分经费满足用户的长尾文献信息需求，即通过各类馆际互借平台、馆员文献代查代检等方式提供文献信息服务。

（2）基于黄金分割法则的中文电子图书建设实践。

电子图书，尤其是中文电子图书，既是纸质馆藏的重要补充，又便于利用，深受读者欢迎。通过近 5 年来的实践，将黄金分割法则用于笔者所在图书馆中文电子图书建设，取得了不错的效果，用户文献保障率提高，读者满意度也全面提升。

每年将中文电子图书建设经费的 70％左右用于公开招标中文电子图书集成供应商，批量购买各学科中文电子图书，购买依据主要源于学校的专业、读者征求意见及推荐书目、馆员的知识与经验以及供应商提供的书目清单。将30％左右的经费用于满足对中文电子图书的长尾需求，具体保障措施包括四方面：一是购买如"读秀"这样的中文电子图书集成检索和馆际互借平台；二是通过各种馆际互借和文献传递平台，向国内馆藏丰富的高校和公共图书馆发送文献传递请求，获取纸质文献部分章节扫描件或中文电子图书部分章节内容；三是依据读者需求向各中文电子图书出版商单本购买所需的中文电子图书；四是统计分析本馆纸质图书利用情况，针对外借率较高的图书，采取馆藏图书数字化的方式，向读者提供相应的电子图书复本。

经问卷调查、读者访谈等方式，了解到上述中文电子图书建设措施能最大限度满足读者在教学和科研过程中对中文电子图书的利用需求，读者满意度逐年上升。经分析问卷调查和读者访谈的结果，黄金分割点前的 70％左右建设经费能满足 90％左右的读者需求，后 30％左右建设经费极好地满足了后 10％左右长尾需求。通过笔者所在图书馆中文电子图书建设的实践，可初步归纳出黄金分割法则可用于指导馆藏数字资源建设，可以将黄金分割点作为长尾曲线的经济技术平衡界限点。

（四）认识与建议

二八定律、长尾理论及黄金分割法则均是在自然或社会现象的观察中归纳总结出来的，没有经过严格的数学推理，但其指导下的实际应用效果显著，均取得了良好的经济与社会效益。实证研究表明，黄金分割法则可以对二八定理、长尾理论指导下的图书馆文献资源建设作有益的边界点补充，提高有限经费条件下文献资源建设的有效性、经济性和可行性。

建议在图书馆的文献资源采访、数字化等过程中，以黄金分割点作为经济技术平衡点，区分高效利用区、大宗利用区和低效利用区，构建有效的文献资源建设策略，最大限度满足读者需要，从而提高学科服务的有效性。

三、特色数据库建设

（一）特色数据库的知识产权

建设特色数据库必然涉及数字资源的知识产权问题，医学院校图书馆也不例外，必须熟悉这些侵权风险，并在建库初期就规划好拟收录数据的知识产权保护问题，根据不同资源采取不同的规避措施，在法律许可范围内合理合法地使用资源。

1. 特色数据库可能的侵权类型

在数据采集过程中可能引发侵权的风险主要来自以下几个方面：①作品的复制权。比如数字化馆藏纸质文献以及非正式出版的内部资料，它们本身对于特色数据库具有重要意义，是赋予特色数据库"特色"的主要组成部分，但将保护期内的资源数字化则有可能侵犯其复制权。②作者的发表权、信息网络传播权。例如，校内师生的具有自主知识产权的数据，包括精品课程、网络课程、医学操作教学视频、教案、著作、硕博士学位论文等资源。③作品的复制权以及数据商对数据库享有的著作权。图书馆从学校购买的数据库中采集相关资料时，如果对数字资源的不当使用很容易引起知识产权纠纷。比如，不得批量下载或滥用图书馆购买的数字资源等操作。④其他侵权。例如，发布人物图片资源时，处理不当有可能侵犯权益人的肖像权等。

2. 特色数据库知识产权风险规避措施

（1）最大限度利用公有领域资源。

根据《中华人民共和国著作权法》的规定，公有领域资源可免费使用，其主要包括：①超过50年保护期的文献，比如古籍等历史文献。②一些不适用于著作权法保护的文献类型，比如法律法规、表格公式、时政新闻等。对于这部分文献资源，高校图书馆必须尊重和保护著作权人的署名权、修改权和作品完整权等。③OA（开放获取）资源。网络免费医学资源非常丰富，合理选择高质量的OA资源有助于进一步完善特色数据库的资源类型。④不具有版权的信息，如论文题录、书目等。

（2）严格遵守"合理使用"原则。

除了公有领域资源，《中华人民共和国著作权法》和《信息网络传播权保护条例》都对非公有领域资源规定了系列"合理使用"的情形，其中与高校图书馆相关的内容有：①为学校课堂教学或者科学研究，翻译或者少量复制已经发表的作品，供教学或者科研人员使用，但不得出版发行。②图书馆等公共展馆为陈列或者保存资源的需要，将本馆的收藏作品进行复制等数字化；不仅如此，图书馆还可将服务对象限定在"本馆馆舍"这个实体范围内。因此，高校图书馆可根据这些要求对特色资源的开放领域及范围进行分级管理，让用户最大限度地使用到最多资源。

除此以外，还有其他一些常见的资源的"合理使用"情况需要考虑。①对于一些来源及侵权不明的"从网至网"的转载信息，可以在自建特色库首页标注"版权声明"公告——"信息转载于信息来源网站，若权利人不同意转播，请告之"，但此类声明不适用于原网站明确表示不准转载的情况。②对于本校具有自主知识产权的资源，图书馆可通过协商获取著作权人的使用许可授权及信息网络传播权，在标明文献中涉及的第三方权益的免责条款的基础上合理建库。③对于数据库商的电子资源，图书馆可以在特色数据库中建立题录数据，提供原始网络链接，或视情况对版权进行购买，并充分利用已永久购买的镜像数据，比如以非营利方式在局域网内将这部分资源用于满足本校师生教研需求。此外，图书馆应以"订购附加条款"方式尽力争取将"出于合理使用目的复制和传播作品"作为与商业数据库签订购买合同的必备条款。

高校图书馆必须严格限制未授权资源的传播域及内容，比如馆际互借的文献以及未签协议的特例文献等。另外，对图书馆自建的特色数据库做好自我保护工作，注意防范其投入使用后被他人套录、盗版等情况发生。必须注明资料的名称和来源，必要时应将资源注明是否允许用户进行剪辑或修改等信息，或采取数字版权保护技术使用户在合理范围内使用数据库。

（二）特色数据库的共建共享

近些年各高校图书馆都在积极建立特色数据库，但不少高校图书馆因宣传不到位或因数据库的使用体验不友好，使其特色数据库在本校的利用率并不高，多数学生甚至不知道学校图书馆有特色数据库可供使用，或在访问的过程中找不到访问链接。同时，为了保障特色数据库的知识产权，高校图书馆都将其使用权局限于校内用户，导致目前我国高校内部的大量特色数据库成为"信息孤岛"，限制了特色资源的利用、学术交流与共享，进一步降低了特色数据库的用户访问量。除此以外，由于相同或相关专业高校图书馆建立的特色数据库之间具有较强的学术关联性，若将它们统筹规划，在保护知识产权的基础上开展共建共享，不仅能避免特色数据库的重复建设，还能产生巨大的科研学术价值。高校图书馆应与公共图书馆、地方志办公室、档案馆等单位开展长期的合作，充分发挥各馆在资源、人才、技术等方面的优势，加强各馆之间的合作，最终实现资源共享。

（三）特色数据库的后续保障

特色数据库建设是一项系统复杂的工作，在建设过程中需要多个部门的支持、协调与配合，建设完成后并不代表该项工作的结束，而是数据服务的新开始，其中数据及时更新是特色数据库生命力的体现，因此必须持续对其进行维护。经过较长时间的累积，特色数据库发展到一定规模，才能体现出价值和效益。从前期的调查结果来看，不少图书馆自建特色数据库建成后无后续资金投入，缺乏专职、兼职人员维护，一些特色数据库甚至停止更新。因此学校应制定相应的政策并且加大资金的投入，以保障这些特色数据库能够发挥推动高校学科发展的重要作用。后期那些资源相对完善、具有较高的社会服务价值的特色数据库还能为社会提供部分优质的有偿服务，从而进一步完善特色数据库的建设工作，促进其可持续发展。

四、开放科学与医学 OA 资源

（一）开放科学

开放科学的前身为开放获取（Open Access，OA）运动，起源于《布达佩斯开放获取倡议》，该倡议提出学术界的科研成果理应在公共网络中为所有用户免费提供，允许任何用户阅读、下载、复制、分发、搜索或链接到文章的全文。此后 OA 运动在各国政府部门、科学界、出版界及其相关的国际机构中迅速展开，并进一步推动了开放科学的发展，即除传统的科研成果（期刊/图书）全文外，还应向公众开放伴研全过程产生的所有数据。因为科研人员希望的开放获取不仅针对文献信息资源全文，还包括相关科学数据，这一需求与大数据时代到来的步伐不谋而合。在大数据时代下，国家政府、科研机构、研究基金组织、各专业学会和协会，以及期刊出版联盟组织都致力于推动科学数据进入开放共享行列，使研究人员能够在前人基础上开展创新活动，避免重复研究，不仅扩大了原始论文的影响力，还通过共享资源拓宽研究范围，增加了该领域的多样性，为全民直接或间接参与科学研究创造了条件，使科学研究利益最大化成为可能。为方便表述，这些可 OA 的所有免费资源在本节中统称为 OA 资源。

（二）开放科学与高校图书馆学科服务

经费不足是我国大部分高校图书馆一直并将长期面临的问题，生物医药类 OA 资源在所有学科 OA 资源中占据较大比例，其质量并不逊色于主流资源，这无疑为科研经费相对紧张的医学高校带来福音。图书馆对所服务的专业科研教学团队所需的 OA 资源理应更为熟悉，从中选出具有很强专业吻合度和教学适应性的开放资源，开展 OA 资源的检索、发现、获取、管理、传递、存储等服务，不仅可以进一步开拓信息服务领域，还能促进 OA 资源的开放共享、开发和再利用。

1. 建立医学 OA 资源整合平台

目前已有越来越多的医学高校和研究机构开始建立 OA 资源仓储库，医学学术期刊出版物也在不断建议或者强制作者在公共仓储库中提交所发表学术论文中涉及的科学数据。由于数据量过于庞杂，科学数据的存储库也变得日益复杂。因此，高校图书馆应根据用户的需求，为其提供 OA 资源的存储、管理等服务。对于实力雄厚的高校图书馆，学科馆员可以与医学专家展开合作，对医学类 OA 资源进行针对性的选取，对其进行多次评估。比如，中国科学院启动，中国科学院文献情报中心负责实施建设的"开放获取期刊采集服务体系"（GoOA）项目是目前国内做得较好的以 OA 期刊作为先导建设资源的项目，由专人对 OA 期刊进行遴选、评价、保存和再利用，同时提供 OA 期刊论文的一站式发现服务。然而，随着数据资源种类的持续增加，一些版块内容未再更新，未来如何维护其正常运转，仍然是需要探索的问题。

对于无法自建 OA 资源仓储的医学图书馆，可以尝试先建立 OA 资源链接集合平台，例如将国内外知名的医学网站、组学数据、各类实验、临床试验注册平台等链接在图书馆网站进行统一集合，用户可通过图书馆转跳到相关 OA 资源的界面进行访问，这也是目前国内大多数医学图书馆的构建模式。在这种情况下，学科馆员需要定期对这些链接的有效性进行测评，包括熟悉检索界面，了解发布内容，评估其在服务本校教研工作中可能发挥的作用，比如是否有利于学科馆员开展学科服务，是否能嵌入信息素养教育中。使师生用户对 OA 资源的重视程度等同于图书馆的已购资源，才能促进 OA 资源的再利用，使 OA 资源平台建设得更加完善。

2. 积极宣传 OA 资源

增强科研人员及学科馆员对开放资源的认知。不少科研机构及高校科研工作者对 OA 资源持有偏见和怀疑态度，更愿意使用学校的付费数据库。但越来越多的高校图书馆实现了 OA 资源与馆藏资源的初步整合，其中不乏清华大学、浙江大学与西安交通大学等知名高校。因此，高校图书馆从网页设计、资源介绍到教学推广和学科服务，都应将 OA 资源放到与付费资源同等重要的位置，使师生用户逐步了解并习惯使用 OA 资源。

对于医学科研读者，学科馆员应根据他们的研究周期开展基于 OA 资源的嵌入式学科服务。

（1）在选题阶段，图书馆可以在文献检索、科技查新的基础上提供 OA 数据与知识挖掘服务、科研合作者发掘服务等。针对科研团队的现有研究领域，利用开放文献聚类工具进行学科热点、前沿分析，为选题提供参考。

（2）在课题进展阶段，学科馆员可以为其推荐具有针对性的实验类 OA 资源，比如动物实验模型数据库、实验结果分析工具、临床试验数据等，或设置专门的数据馆员为科研人员提供科学数据指南，辅助其书写数据管理计划，存储数据，并对数据进行标引与共享。

（3）成果发表与推广阶段是科研周期的重要环节，学科服务应该更具有指向性。论文写作环节中，馆员可以为研究者整理、推荐免费的文献管理工具、写作排版软件、全文发现工具，并提供使用方法的培训服务，帮助研究人员规范写作习惯；论文投稿环节中，高校图书馆可以邀请高质量 OA 期刊的审稿专家或权威编辑为科研人员提供专题讲座，帮助在校师生了解投稿流程，鼓励他们选择 OA 期刊发表科研成果。在科研成果的保存和推广阶段，图书馆可以充分发挥建立特色数据库的优势，保存并展示科研人员的学术成果，加强学术交流与合作。除此以外，还应该借助现有的学术社交媒体，比如 Research Gate、小木虫等专业论坛，充分利用新媒体宣传推广研究者的学术成果，提高学术论文的曝光度与关注度，并定期引入补充计量指标 Altmetric 进行科研评价，评估研究成果实时的社会影响力。

（三）医学 OA 资源的特殊问题

医学 OA 资源主要由政府、科研机构和图书馆等三方推动，他们分别从政策层面、实践层面以及服务层面进行促进，但和其他领域相比，医学开放资源的共享与再利用应着重考虑其特殊性，确保在不违背道德伦理的基础上做好资源的安全保护工作。

1. 版权问题

随着全球化程度加深，各国在医学领域的合作都有了明显的增加，各国学者都可以在第一时间接触到最前沿的研究成果，而开放科学更是世界科技交流合作的催化剂。然而也必须承认，当前的国际竞争非常激烈，单边主义、民族主义、保护主义并行，科技活动也会受到政治形势的影响。我们应该学会积极应对，及时调整政策，依据实验数据的机密等级合理确定开放程度。比如，许多医药研究机构不愿意共享研究数据，尤其是在药物研发领域，全世界的研究者们都会首选专利文献发布研究成果，并在专利文书中想方设法地规避研发细节，因此"保密"仍是医学研究者的主要策略。不仅如此，与开放科学配套的知识产权的保护制度仍然很不完善，这直接导致了科研数据的开放程度不尽如人意。如何协调激励创新与知识产权保护之间的关系，在保障科研人员权利基础上，充分发挥知识产权激励效应，推动科研人员更广泛地参与到信息公开、数据共享过程仍是开放科学未来的重要发展趋势之一。

2. 伦理问题

一方面，医学开放资源涉及医学伦理问题，因此应建立在保障国家人类遗传资源、用户隐私、数据安全等方面的基础上，应从政府层面划分符合我国国情的健康科学数据管理的保密级别，加强医学资源管理的顶层设计，以杜绝再次发生部分医疗机构将人类遗传资源信息违规泄露等恶劣行径。此外，我国还应该加强基金委与科研机构层面的健康数据管理计划，使其所资助的健康类科研项目从立项到结项的数据全生命周期都能得到严格的质量控制。

另一方面，在开放科学的背景下，仍然必须保护临床受试者的隐私和合法权益。比如，所有的试验必须事先得到受试者的有效同意，尽力减少受试者的风险，力求避免身体和精神上的伤害。再比如，对患者的个人信息严格保密，采用匿名化（对能够识别出个体的潜在信息进行匿名化或去标识）、权限控制（控制用户获取健康数据的权限）、数据加密（对数据划分秘密等级）等方式保证健康科学数据的安全性。这就要求建立国家层面自上而下的、完善的临床试验项目注册、数据采集、项目监督和数据管理体系。国外健康科学数据管理机构已建立了较为成熟的健康类数据的采集与评价规范，例如美国临床测试中心要求临床试验创建者根据数据采集与评价标准自行检查，数据管理者会在创建者提交后检查数据的有效性、逻辑和内部的一致性，并判断价值等。国外在健

联盟价值共创的
高校医学图书馆学科服务实践与创新

康研究数据管理方面的这些先进经验值得我国借鉴学习，只有不断强化科研人员和医务工作者的隐私保护意识，遵循相关伦理道德和法律制度，使开放的数据仅仅涵盖科研的数据与实验过程，才能真正做到保护健康数据的安全。

3. 建设不足问题

我国高校图书馆在建设医学 OA 资源的仓储方面相较于欧美国家，其数据仓储数量和质量均明显不足，近些年的"唯论文"科研评价方式使我国大量医学研究数据递交至国外数据库；另外，由于经济利益和相关法律缺失等，国内现有的医学数据所有权问题存在较大争议，导致大量数据的价值不能实现。这些问题对我国的医学发展极为不利。因此亟须加强我国医学数据存储基础设施的建设，并确立对应的规范要求及其管理标准，避免机构间数据共享时的异构性问题。

开放科学的发展是大势所趋，是打通未来科研壁垒的必经之路，也是科研创新与国家科技发展的必然选择。而开放科学当前遇到的诸多问题与挑战，都是其在发展过程中的必然产物，相信随着信息技术的革新，这些问题也会得到逐一解决。

第二节 支撑学科服务的文献检索工具

学科服务实践离不开有效的学科服务工具。学科服务可以将一系列数据库平台作为文献或数据的获取工具，或根据用户的需求利用文献分析软件进行个性化服务。针对支撑学科服务的文献检索工具，本节重点分析和介绍图书、期刊、会议、学位、专利等文献检索工具。

一、图书检索工具

图书资源整合检索平台就是借助统一的检索接口，利用统一的检索方法，实现对分布式、异构信息资源的检索。信息资源可以来自本地馆藏，也可以来自网络数据库，甚至还可以经搜索引擎发现的 Web 信息。最终检索结果是经系统重新排序操作处理后，以用户个性定制的方式显示给用户。目前主要的图书资源整合检索平台有中国高等教育文献保障系统（CALIS）、国家科技图书文献中心、读秀学术搜索、百链学术检索平台、超星发现系统等。下面介绍常用的读秀学术搜索、百链学术检索平台以及超星发现系统。

（一）读秀学术搜索

读秀学术搜索是由海量全文数据组成的超大型数据库，以海量中文图书和全文资料为基础，为用户提供深入内容的章节和全文检索；期刊元数据打破空间限制的获取方式，为用户提供丰富的全文文献。通过读秀学术搜索，读者能一站式搜索馆藏纸质图书、电子图书、随书光盘学术资源等，其几乎囊括了本单位文献服务机构内的所有信息源。访问界面如图3-2-1所示。

图3-2-1　读秀访问界面

1. 读秀知识频道

知识搜索是在图书资料的章节、内容中搜索包含有检索词内容的知识点，为读者提供了突破原有一本本图书翻找知识的新的搜索体验，更有利于资料的收集和查找。

例如查找有关"老年护理"的资料和文章，可以进行如下操作：

第一步：在读秀首页选择知识频道，输入"老年护理"，如图3-2-2所示，点击"中文搜索"按钮，进入搜索结果页面。

图3-2-2　读秀知识检索界面

第二步：浏览搜索结果页面，如图3-2-3所示，选择需要的章节，点击标题链接进入阅读页面。

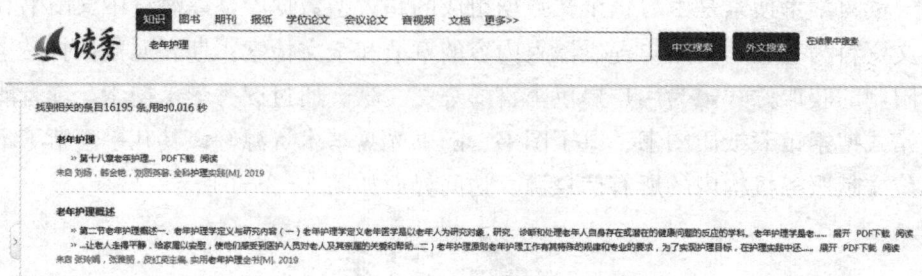

图 3-2-3　读秀知识检索结果界面

2. 读秀图书频道

（1）读秀图书频道提供了三种检索模式：快速检索、高级检索和专业检索。

  • 快速检索

快速检索是系统默认的检索方式。图书频道提供有全部字段、书名、作者、主题词、丛书名、目次几个检索字段，如图3-2-4所示，读者可以根据需要选择检索字段，并在检索框内输入检索词。完成之后点击"中文搜索"搜索中文图书，或点击"外文搜索"搜索外文图书。

图 3-2-4　读秀图书频道快速检索界面

- 高级检索

高级检索是指可以对书名、作者、主题词、出版社、ISBN、分类、年代等字段进行逻辑组配的检索，同时还要对检索年代以及每屏显示的检索结果数进行选择，单击"高级检索"按钮，进入高级检索主页面，如图 3－2－5 所示，根据需要在相应的检索框中输入检索词进行精确搜索，检索结果一目了然，提高查准率。

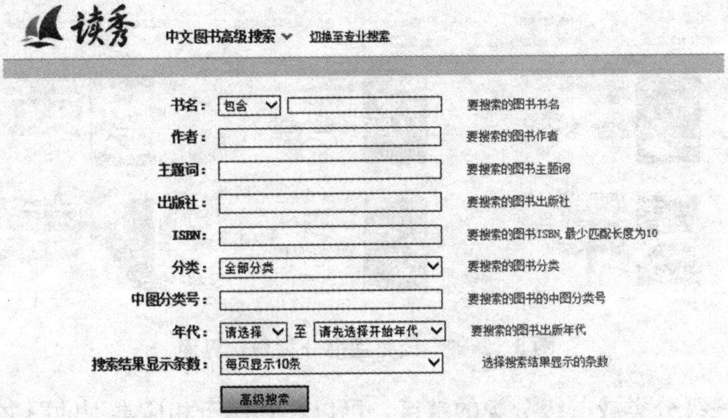

图 3－2－5　读秀图书频道高级检索界面

- 专业检索

点击图书频道首页检索框右侧的"专业搜索"链接进入图书专业搜索页面，如图 3－2－6 所示。按照检索框下方的说明进行操作即可。

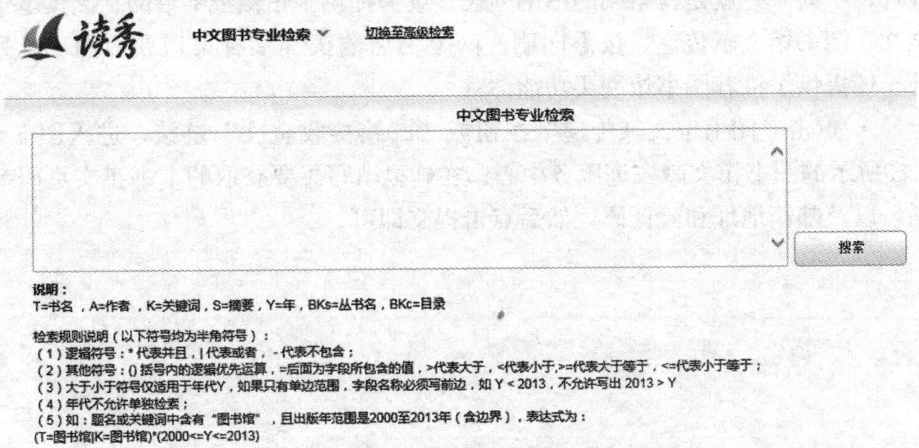

图 3－2－6　读秀图书频道专业检索界面

（2）图书分类导航。

读秀图书频道首页，设置有图书"分类导航"链接，点击"分类导航"进入图书导航页面，可以看到按照中国图书馆图书分类法设置的分类，如图 3-2-7 所示。

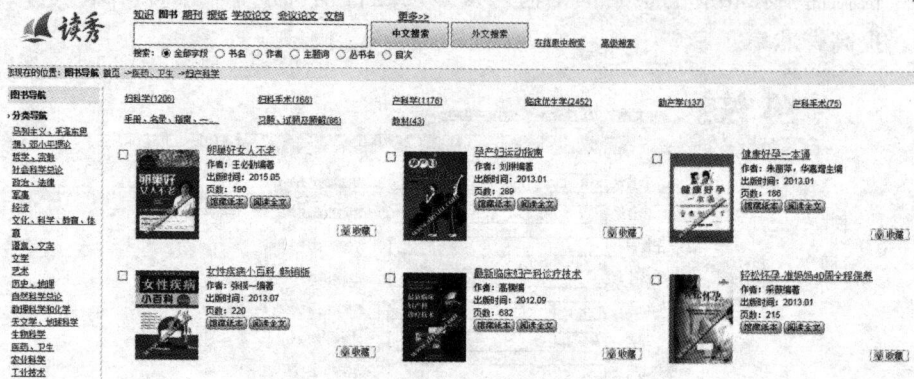

图 3-2-7　读秀图书分类导航界面

点击一级分类或二级分类的链接，可以看到属于相应类别的图书及其子分类的链接。如点击一级分类"医药卫生""妇产科学"，则可浏览对应学科类别的图书。

读秀图书频道为读者提供了三种途径获取图书资源。

• 进入图书检索结果页面，如图 3-2-8 所示，可以看到页面采用三栏式设计，中间一栏就是检索到的图书列表。读秀提供了馆藏纸书借阅、阅读电子全文、图书馆文献传递、按需印刷、网上书店购买等多种渠道获取图书。另外，还提供了推荐图书馆购买功能。

• 点击"图书馆文献传递"按钮或"邮箱接收全文"链接，进入图 3-2-9所示的图书馆文献咨询服务中心。在这里填写想要获取的本书正文页码范围，以及邮箱地址和验证码，然后点击提交即可。

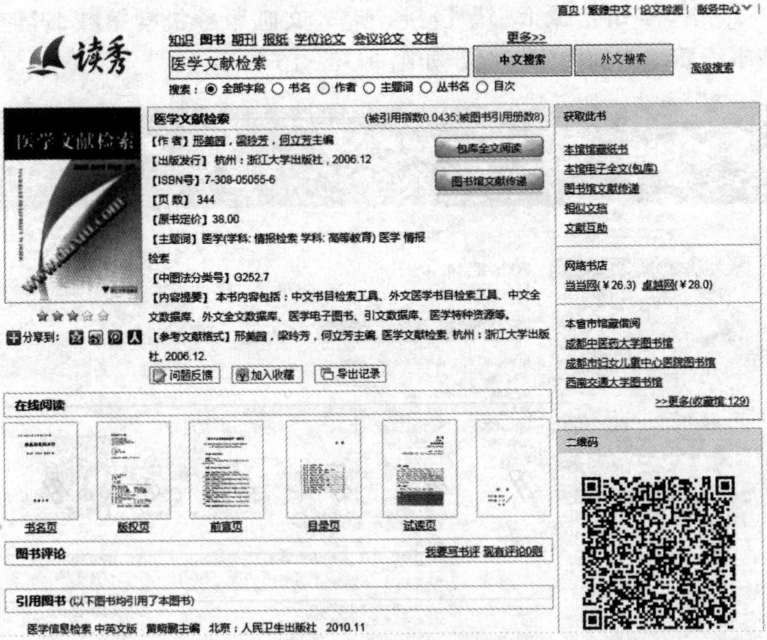

图 3-2-8　读秀获取图书界面

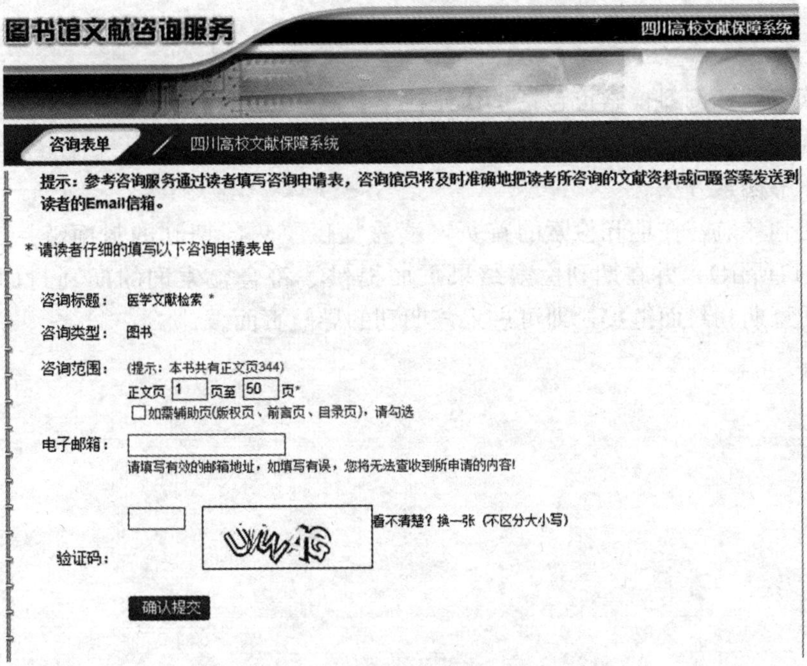

图 3-2-9　读秀文献咨询服务界面

• 点击"本馆馆藏纸书"链接，进入文献服务机构馆藏书目查询系统，查看该本纸质图书的借阅情况，如图 3-2-10 所示。

图 3-2-10　读秀馆藏纸本界面

3. 读秀期刊频道

读秀期刊资料检索也包括了快速检索、高级检索和专业检索三种方式。在读秀首页选择期刊资源，即可能看到相应的检索链接入口。其操作方法参见前面的图书检索方法。

期刊导航，在期刊检索的首页，读秀提供了热门期刊的封面链接（如图 3-2-11所示），并在期刊检索结果页面提供了符合检索词的期刊封面链接，点击任意期刊封面链接，即可进入该期刊的导航页面。

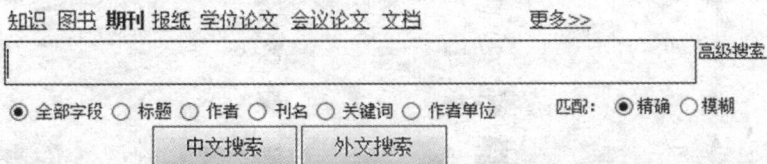

图 3-2-11 读秀期刊频道导航界面

期刊检索结果页面同样采用三栏显示，中间一栏显示的是期刊标题列表，以及期刊刊名与封面链接。通过以下操作获取期刊文章。

• 使用左侧聚类和右侧排序进一步筛选期刊文章。

• 选择想要的期刊文章，点击标题链接期刊文章的卡片页。

• 查看期刊更多信息。可以从期刊文章的卡片页查看具体文章的作者、刊名、出版日期、期号等信息，同时可以点击查看封面页、封底页、目录页。

• 获取期刊文章。点击"图书馆文献传递"链接，其操作可参见图书获取方式中的文献咨询服务。

4. 读秀更多频道

除上面介绍的图书、知识、期刊频道之外，读秀还拥有报纸、论文、文档、视频、课程课件等频道。

点击"更多"按钮，了解读秀更多频道，如图 3-2-12 所示。这些频道中都有丰富的资源，读者可以在感兴趣的频道中进行检索、获取。

图 3-2-12　读秀更多频道界面

几乎所有频道的检索结果页面（如图 3-2-13 所示）都采用三栏显示，右侧一栏显示的是其他频道的相关信息，点击相关频道链接即可进入该频道的检索结果页面，避免反复输入关键词查找的烦琐过程。读秀实现了一站式检索，为读者提供全面的学术信息。

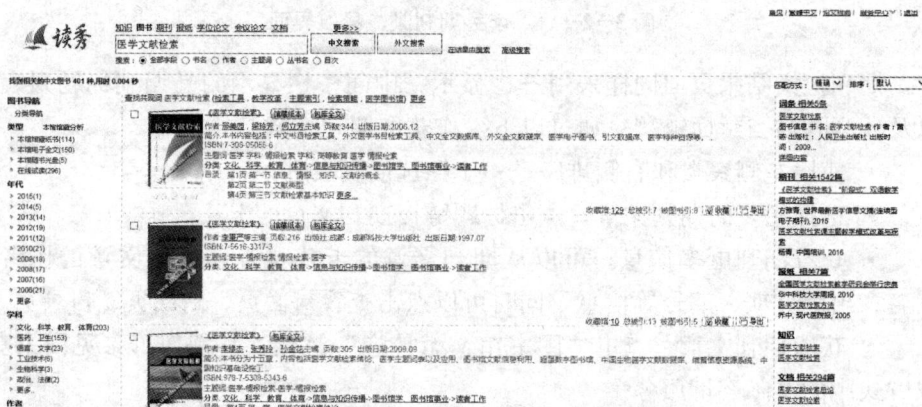

图 3-2-13　读秀检索结果界面

5. 读秀增值服务

读秀还提供了一系列增值服务，这其中包括图书被引用情况报告、图书收藏排名、图书馆馆藏结构分析等。读者可通过读秀主页进入，根据需要进行访问使用。

（二）百链学术搜索平台简介

百链是超星公司继"读秀"中文学术搜索工具之后推出的外文搜索引擎。平台对 125 种外文数据库的数据资源进行了整合，能够同时搜索外文图书、外文期刊、外文论文、外文标准、外文专利等，并可实现与"读秀"中文资源搜索的自由切换。百链与"读秀"结合使用可完成中外文资源的一站式检索。同时它也是图书馆的应用平台及全文传递平台，系统覆盖国内图书馆主要使用的 125 种外文数据库，并以全文保障率高而著称。其保证每天都对所有中外文数据库元数据进行更新，可实现区域内资源共享的区域性数字图书馆功能。读者可以通过 http://www.blyun.com/网址进入百链学术搜索平台，其使用方法可参见前面读秀搜索介绍的操作方法。其首页如图 3-2-14 所示。

图 3-2-14　百链首页界面

（三）超星发现系统

1. 超星发现系统介绍

超星发现以海量元数据为基础，利用数据仓储、资源整合、知识挖掘、数据分析、文献计量学模型等相关技术，较好地解决了复杂异构数据库群的集成整合，能够完成高效、精准、统一的学术资源搜索，进而通过分面聚类、引文分析、知识关联分析等实现高价值的学术文献发现、纵横结合的深度知识挖掘与可视化的全方位知识关联。读者可以通过 http://ss.zhizhen.com 进入超星发现系统。其首页如图 3-2-15 所示。

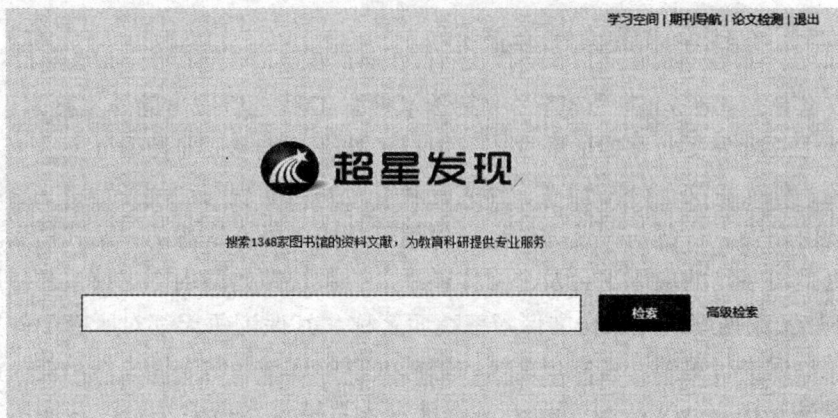

图 3—2—15　超星发现系统首页界面

发现系统主要功能：

· 分面功能：通过采用分面分析法，可将搜索结果按各类文献的时间维度、文献类型维度、主题维度、学科维度、作者维度、机构维度、权威工具收录维度以及全文来源维度进行任意维度的聚类。

· 智能辅助：根据输入查询词自动进行检索预判，例如查询词是刊种名就会自动展示本刊导航。本功能可以实时把握所检索主题的内涵，并优先按用户筛选文献的喜好显示结果，提高发现精准度和查准率。

· 学术趋势：对搜索结果进行年代分布规律分析，可提示任意主题学术研究的时序变化趋势图，进而帮助研究者在大时间尺度和全面数据分析中了解该领域研究的起点、成长、起伏与兴衰，整体把握事物发展的完整过程和走向。

2. 检索方法

超星发现系统的检索方法包括基本检索、高级检索和专业检索，下面介绍前两种方法。

（1）基本检索。

在发现系统主页的基本检索界面（如图 3—2—16 所示）的检索框中直接输入需要查找的检索词，点击"检索"按钮。

图 3—2—16 超星发现系统基本检索界面

（2）高级检索。

点击搜索框后面的"高级检索"链接，进入高级检索页面，如图 3—2—17 所示，通过高级检索能够更精确地定位，从而找到需要的文献。

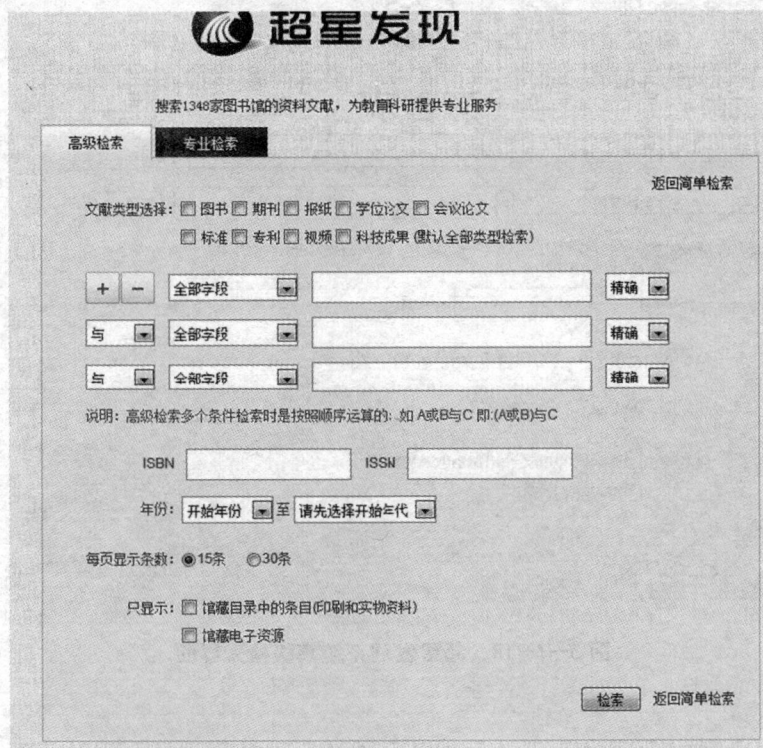

图 3—2—17 超星发现系统高级检索界面

高级检索界面中文献类型选择包括图书、期刊、报纸、学位论文、标准、专利、视频、科技成果。

检索字段包括全部字段、题名、作者、第一作者、作者机构、关键词、摘要。

如：检索《医学信息查询与利用》（作者：李勇文）这一本教材的相关信息。

①在高级检索界面文献类型选择"图书"；

②在检索字段中选择"题名"，题名=医学信息查询与利用；

③在检索字段中选择"作者"，作者=李勇文；

④选择题名与作者的逻辑关系为"与"（图3-2-18）。

其结果参见图3-2-19。

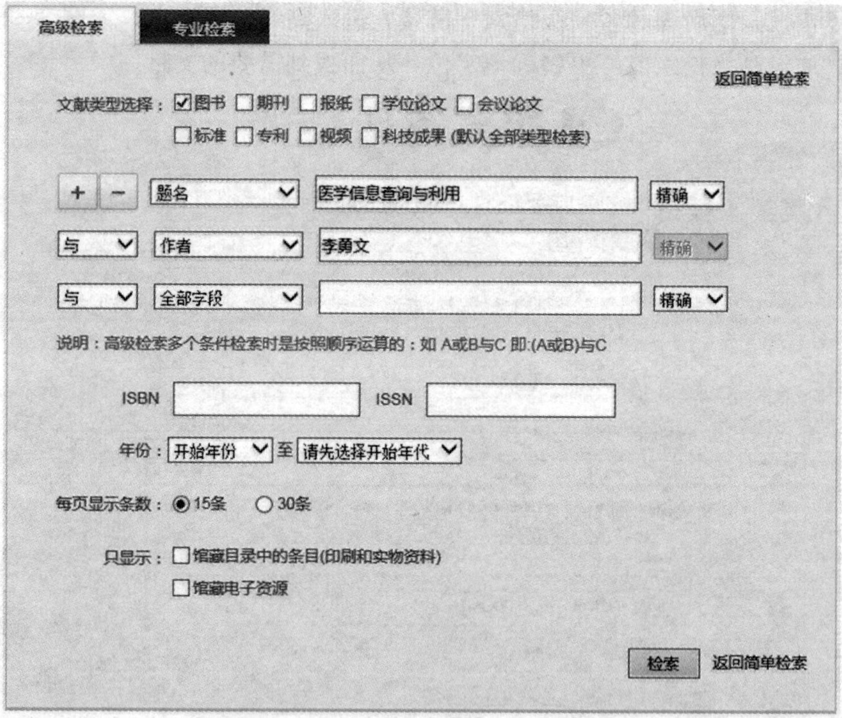

图3-2-18 超星发现系统高级检索界面

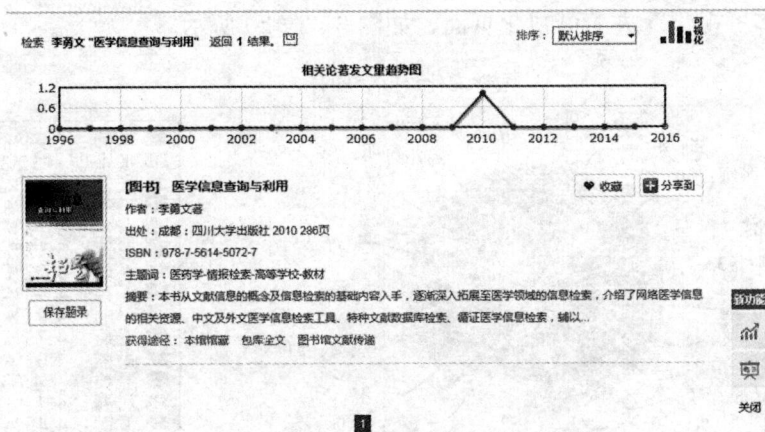

图 3－2－19　超星发现系统高级检索结果界面

3．检索结果

• 详细信息

文献的详细信息介绍包括题名、作者、出版日期、作者单位、摘要等信息。

获取方式包括图书试读、电子全文、邮箱接收全文。

• 相关文章

相关文章包括相关主题文章、相同作者文章、相同机构文章、相关网页搜索等。

• 参考文献与引证文献

检索结果可实现图书与图书之间、期刊与期刊之间、图书与期刊之间及各类文献之间的相互参考、相互引证关系分析；同时还可以查看同被引图书、期刊和共引图书、期刊。

• 引证趋势图

通过对每年引证数据的展示，可以看到直观的引证半衰期。

• 参考引证列表

检索结果可展示相应的参考引证详细列表。

• 全国馆藏

检索结果可显示该文章的全国馆藏信息。

4．可视化

点击检索结果页右上角"可视化"按钮或者点击相关论著发文量趋势图右

侧"更多可视化"进入可视化页面，如图3－2－20所示。

医学文化-作者统计

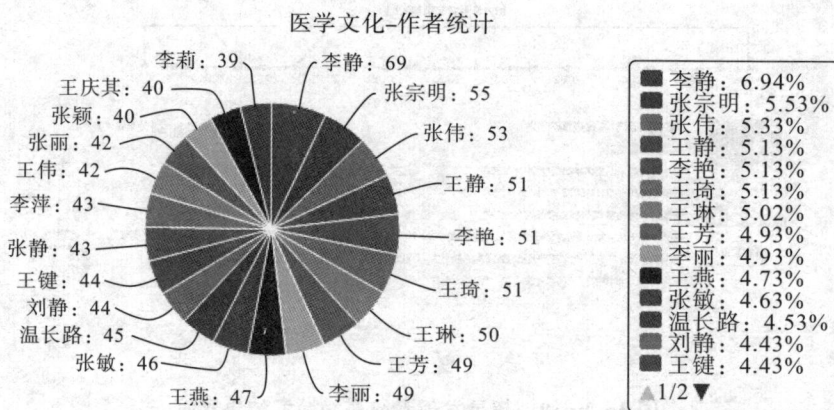

图3－2－20 超星发现系统可视化界面

在可视化服务中，读者可依据需要查询的词谱图，了解到与查询词相关的上位词、下位词、同义词、兄弟词、相关词等，以及知识点关联图、作者关联图和机构关联图，对信息的各方面形成全面的可视化了解。

二、期刊论文检索工具

常用中文期刊检索平台通常有中国知网、万方数据知识服务平台、维普期刊资源整合服务平台。这三大中文检索平台是高校图书馆开展学科服务的必备工具，同时也是高校师生获取文献的重要渠道。

（一）中国知网

国家知识基础设施（National Knowledge Infrastructure，NKI）的概念由世界银行《1998年度世界发展报告》提出。1999年3月，以全面打通知识生产、传播、扩散与利用各环节信息通道，打造支持全国各行业知识创新、学习和应用的交流合作平台为总目标，王明亮提出建设中国知识基础设施工程（China National Knowledge Infrastructure，CNKI）。现阶段CNKI已成功建设了十几个系列知识数据库。

1. 中国学术期刊（网络版）简介

中国学术期刊（网络版）（China Academic Journal Network Publishing Database，CAJD）是目前具有全球影响力的连续动态更新的中文学术期刊全文数据库，是中国知网的重要组成部分。CAJD还是"十一五"国家重大网络出版工程的子项目，是《国家"十一五"时期文化发展规划纲要》中国家"知识资源数据库"出版工程的重要组成部分。它收录了自1915年至今出版的期刊，包括了十大专辑：基础科学、工程科技Ⅰ、工程科技Ⅱ、农业科技、医药卫生科技、哲学与人文科学、社会科学Ⅰ、社会科学Ⅱ、信息科技、经济与管理科学。十大专辑下分为168个专题。它不仅涵盖了学术、工程技术、政策指导、高级科普、行业指导及教育类期刊，还涉及了自然科学、工程技术、农业、哲学、医学、人文社会科学等各个领域。CAJD收录了国内学术期刊8720余种，全文文献总量5740余万篇。

中国知网提供云租用、云托管、云机构馆托管、本地镜像的服务模式。大多数高校依据学校办学特色分专辑购买了CAJD，因此校园用户可以通过相关认证的IP地址进行访问。

2. 检索方法

中国知网主页如图3-2-21所示，可点击"学术期刊"按钮，进入期刊检索页面。

图3-2-21 中国知网主页界面

中国知网学术期刊检索方式有：高级检索、专业检索、作者发文检索、句子检索和一框式检索。

(1) 高级检索。

在中国知网主页上，点击右边的"高级检索"进入高级检索界面，随后点击下方的"学术期刊"，使得检索结果限定为期刊检索，如图 3-2-22 所示。

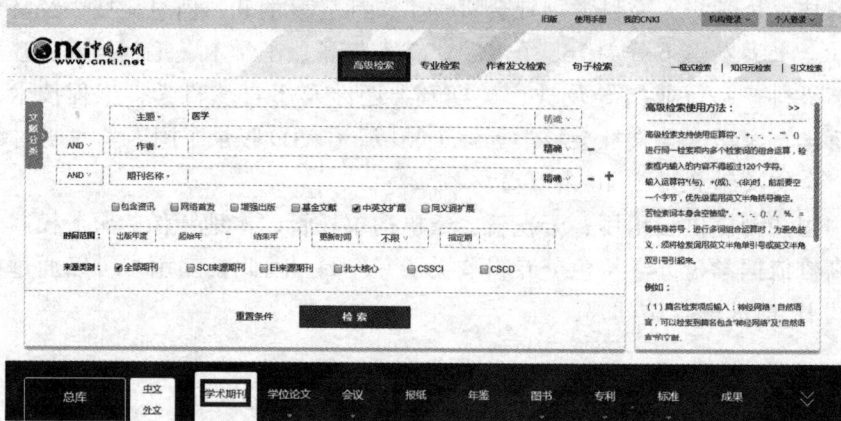

图 3-2-22　中国知网期刊高级检索界面

高级检索可以开展对主题、篇关摘、关键词、摘要、全文、中图分类号、作者、作者单位、期刊名称等的检索。检索条件包括出版时间范围、网络首发、中英文扩展、同义词扩展等。同时可以依据检索需要对期刊来源类别进行筛选，即全部期刊、SCI 来源期刊、EI 来源期刊、北大核心、CSSCI 和 CSCD。

高级检索可以进行多项检索组合，增加检索项时可以点击页面检索框后面的"+"号进行添加，点击"-"号进行删减。每个检索项可以进行逻辑与（AND）、逻辑或（OR）和逻辑非（NOT）组合运算，如 3-2-23 图所示。

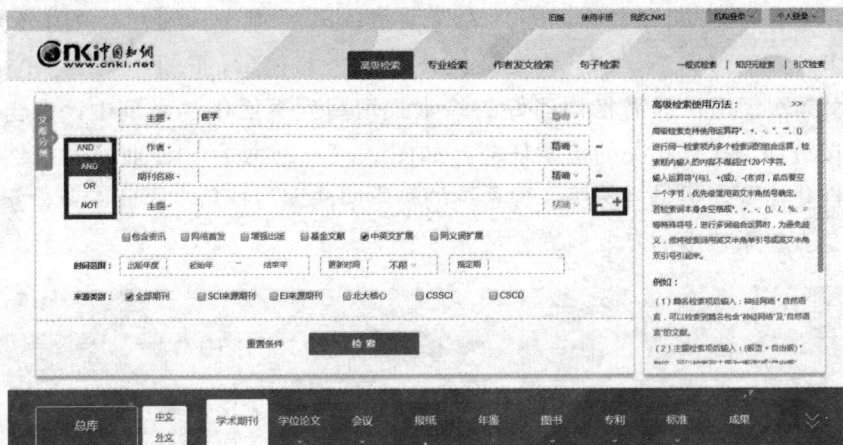

图3－2－23　中国知网期刊高级检索逻辑组配界面

如要查找成都医学院吕茜倩学者发表的期刊论文情况，检索界面如图3－2－24所示。

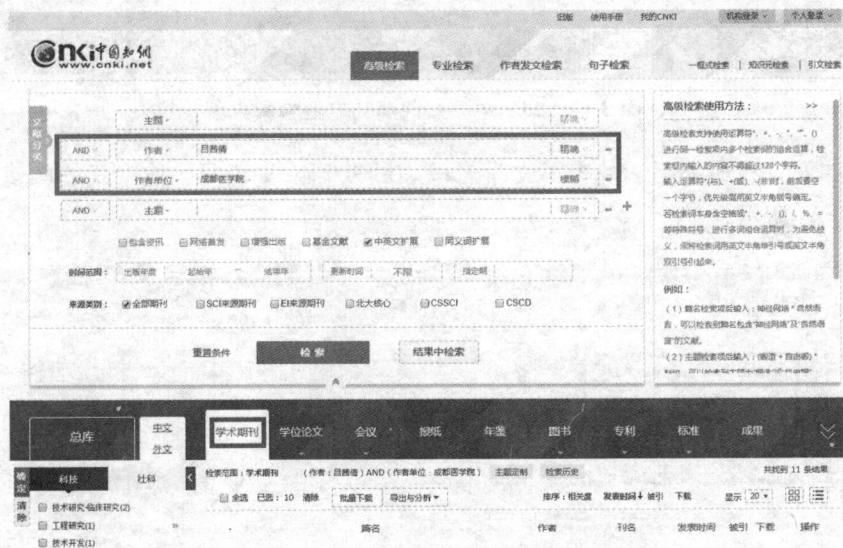

图3－2－24　中国知网期刊高级检索界面实例

（2）专业检索。

专业检索的灵活性更大，用户可依据需要构建相关的检索式。其可检索的字段有：SU＝主题，TKA＝篇关摘，TI＝篇名，KY＝关键词，AB＝摘要，CO＝小标题，FT＝全文，AU＝作者，FI＝第一作者，RP＝通讯作者，AF＝

作者单位，LY＝期刊名称，RF＝参考文献，FU＝基金，CLC＝中图分类号，SN＝ISSN，CN＝CN，DOI＝DOI，QKLM＝栏目信息，FAF＝第一单位，CF＝被引频次。用户只需将构建好的检索式填写到页面中的大框中，点击"检索"按键即可执行相关的检索任务，如图 3－2－25 所示。专业检索虽然能满足个性化需要，但是需熟练掌握系统的检索语法编写技巧。因此专业检索更适合于具有检索技术的专业检索人员。

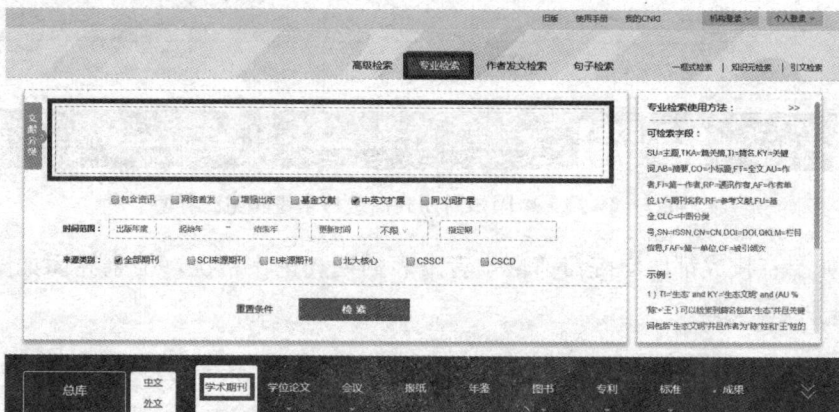

图 3－2－25　中国知网期刊专业检索界面

如要查找成都医学院李勇文学者发表的期刊论文情况。检索式的构建如图 3－2－26 所示。

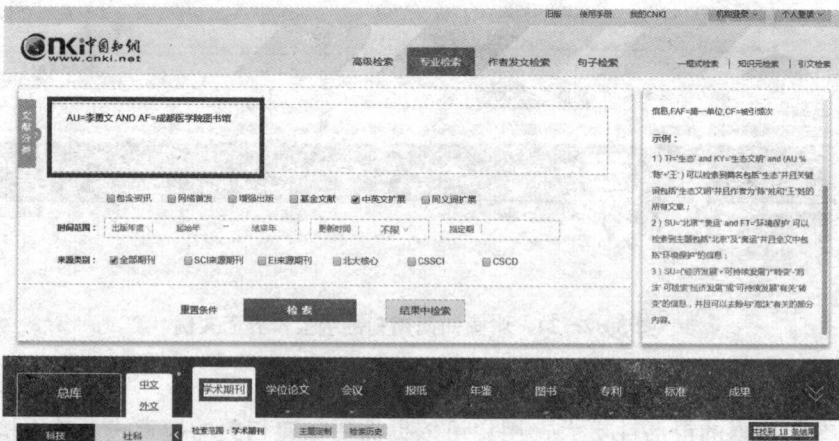

图 3－2－26　中国知网期刊专业检索操作界面

专业检索中构建检索式需要注意以下几点：

①表达式的符号要在半角（英文）状态下输入。

②同一字段的检索词之间可用"＊""＋""－"表示逻辑关系，构建检索表达式，检索词与运算符之间是否空格无所谓；不是同一字段的检索词之间要用"AND""OR""NOT"构建检索表达式，检索词与运算符之间要空一格。

（3）一框式检索。

一框式检索对输入短语经过一系列后台分析，能够更好地预测读者的需求和意图，从而给出更准确的检索结果。检索内容包括主题、篇关摘、关键词、摘要、全文、中图分类号、作者、作者单位、期刊名称等，如图3－2－27所示。

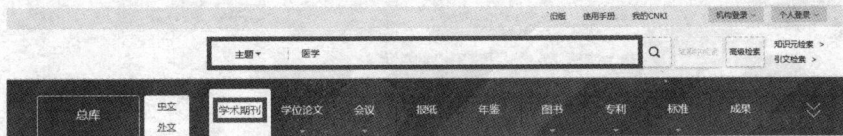

图3－2－27　中国知网期刊一框式检索界面

（4）作者发文检索。

通过作者姓名、单位等信息，查找作者发表的文献及被引和下载情况。其操作如图3－2－28所示。

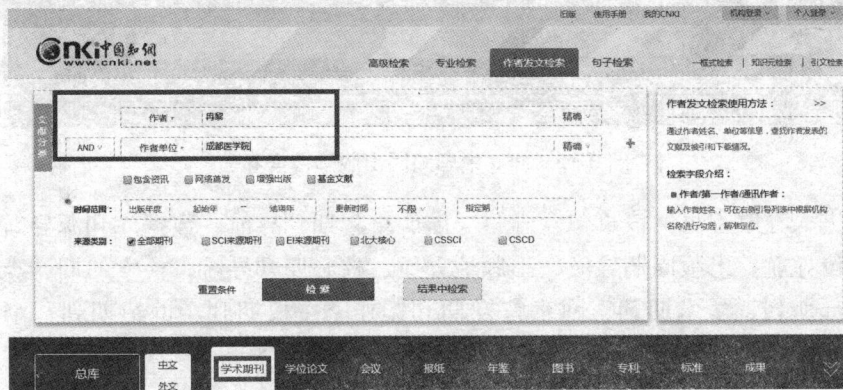

图3－2－28　中国知网期刊作者发文检索界面

（5）句子检索。

通过输入的两个检索词，查找同时包含这两个词的句子，找到有关事实的问题答案。如查找全文中同一句含有"老年"和"慢性病"或在全文同一段话中含有"老人"和"慢病"的相关期刊文献。其操作示例如图3－2－29所示。

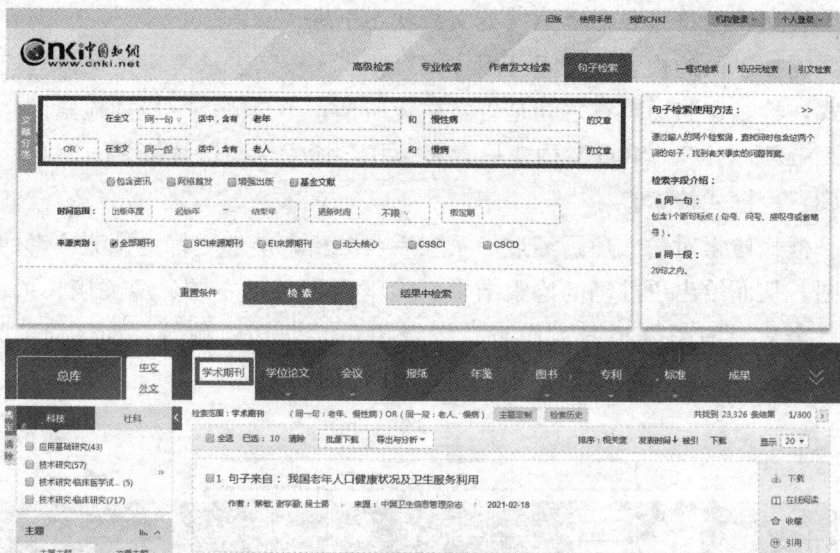

图3-2-29 中国知网期刊句子检索界面

（6）出版物检索。

在中国知网首页点击"出版物检索"进入导航首页，如图3-2-30所示。

图3-2-30 中国知网出版物检索界面

进入导航首页，该页包含学科导航、卓越期刊导航、数据库刊源导航、主办单位导航、出版周期导航、出版地导航、核心期刊导航，检索的期刊类别包括全部期刊、学术期刊、网络首发期刊、独家授权期刊、世纪期刊、个刊发行，如图3-2-31所示。

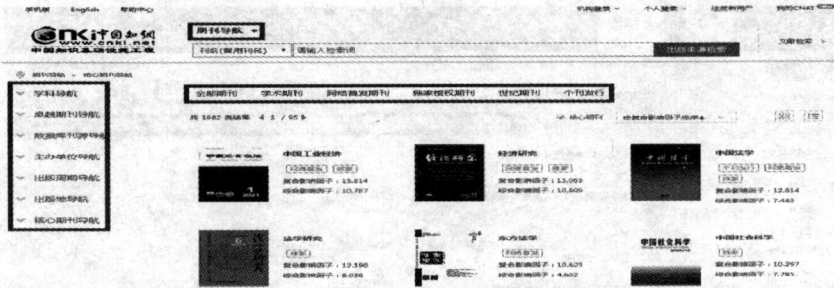

图 3−2−31　中国知网期刊导航界面

　　用户可以通过刊名、主办单位、ISSN、CN 检索需要的期刊信息。如在检索框中输入"图书情报工作"检索这本期刊的相关信息，其操作如图 3−2−32 所示。检索结果页面显示出了期刊的基本信息、出版信息、评价信息以及期刊的级别。

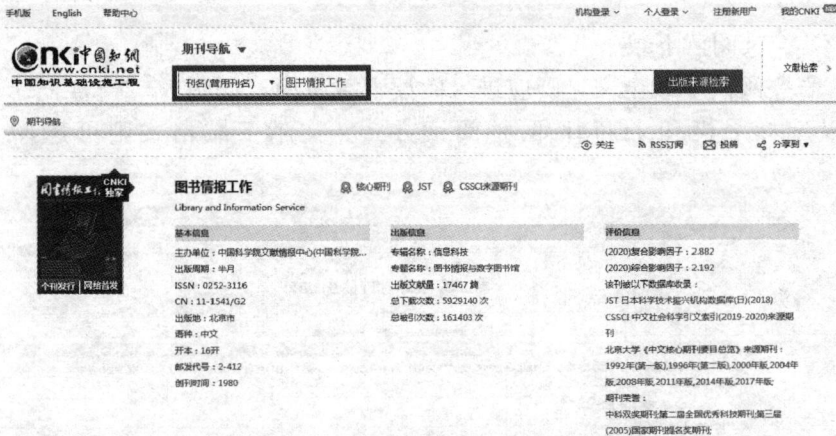

图 3−2−32　中国知网期刊导航检索操作界面

3. 检索结果

（1）结果显示。

　　中国知网检索结果页面可显示篇名、作者、刊名、发表时间、被引、下载等文献信息，如图 3−2−33 所示。用户可以个性化选择其显示的方式。

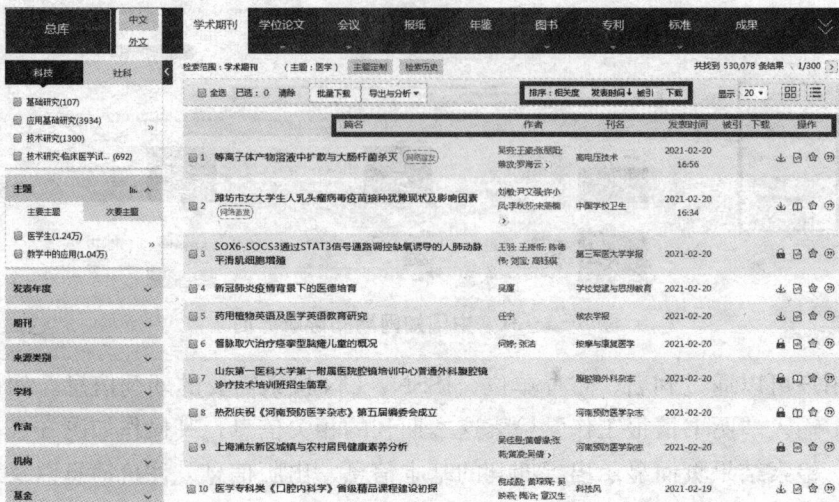

图 3-2-33　中国知网期刊检索结果显示界面

（2）全文阅读下载。

若需要阅读下载全文，则应进入阅读下载页面，如图 3-2-34 所示。用户可以选择手机和 HTML 两种阅读方式。文献下载格式则可选择 CAJ 或 PDF。

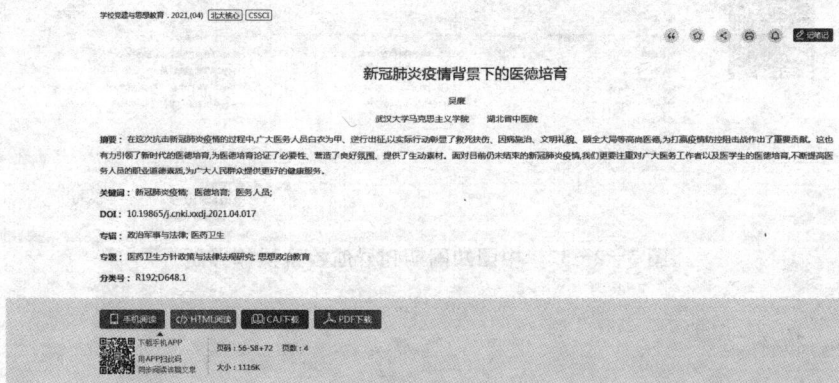

图 3-2-34　中国知网期刊检索结果阅读下载界面

（二）万方数据知识服务平台

万方数据资源由万方数据股份有限公司研制，是一个以科技信息为主，涵盖经济、文化、教育等相关信息的综合性信息服务系统。万方数据库提供网络版万方数据知识服务平台和镜像版万方数据资源系统两种使用方式。个人用户可以在网上注册成会员并购买万方数据检索阅读会员卡/充值卡进行网络版的检索和全文下载，并且拥有整个万方数据资源系统信息资源的完全使用权；而非会员只可以免费检索，不能下载全文。一般高校和企事业单位购买的是镜像版。

万方数据知识服务平台的网址是 http://www.wanfangdata.com.cn/，首页提供了多种文献类型的简单检索界面并设有服务介绍、热点等栏目。主页界面如图 3-2-35 所示。

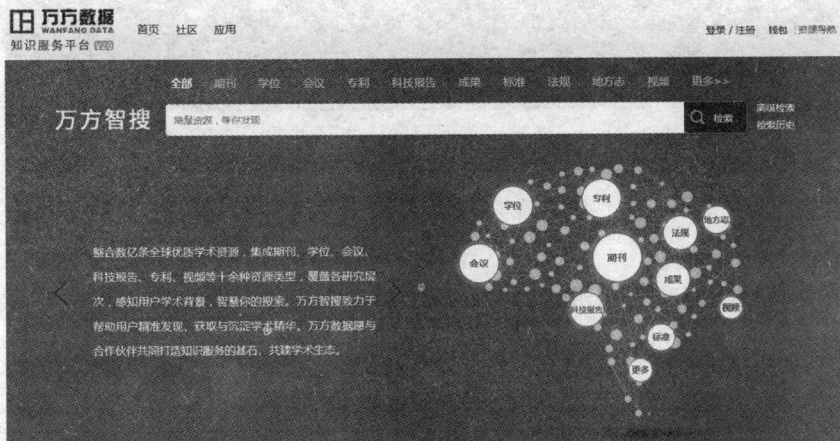

图 3-2-35　万方数据知识服务平台主页界面

1. 中国学术期刊数据库简介

中国学术期刊数据库（China Science Periodical Database，CSPD）是万方数据知识服务平台的重要组成部分，收录始于 1998 年，包含 8000 余种期刊，其中包含北京大学、中国科学技术信息研究所、中国科学院文献情报中心、南京大学、中国社会科学院历年收录的核心期刊 3300 余种，年增 300 万篇，周更新 2 次，涵盖自然科学、工程技术、医药卫生、农业科学、哲学政法、社会科学、科教文艺等各个学科。

2. 检索方法

万方数据知识服务平台首页提供了期刊文献检索入口，可直接点击进行检索，如图 3-2-36 所示。

图 3－2－36　万方数据知识服务平台期刊入口界面

　　万方期刊检索提供了基本检索、高级检索、专业检索、作者发文检索几种检索方式。

　　万方智搜支持布尔逻辑运算符、双引号以及特定符号的限定检索。可以使用如表 3－2－11 所示运算符构建检索表达式。

表 3－2－1　运算符含义与检索举例

运算符	检索含义	检索举例
AND/and	逻辑与运算，同时出现在文献中	主题：（信息管理）and 作者：（马费成）
OR/or	逻辑或运算，其中一个或同时出现在文献中	题名：（信息管理）or 摘要：（武汉大学）
NOT/not	逻辑非运算，后面的词不出现在文献中	题名或关键词：（信息管理 not 信息服务）
""	精确匹配，引号中词作为整体进行检索	题名：（"信息管理"）
（）	限定检索顺序，括号内容作为一个子查询	题名：（（信息管理 not 信息服务）and 图书馆）

　　注：①逻辑运算符号存在优先级，优先级顺序（）＞not＞and＞or。
　　②运算符建议使用英文半角输入形式。

　　（1）简单检索。

　　在主页面点击"期刊"即进入"简单检索"界面，如图 3－2－37 所示。在输入框输入检索词，点击"搜论文"，系统自动检索文献。若点击"搜期刊"

系统将会检索到相关的期刊信息。期刊检索中提供了题名、作者、作者单位、关键词、摘要、中图分类号、刊名、基金等检索入口。

图 3-2-37　万方数据知识服务平台期刊检索界面

简单检索可以默认模糊检索和精确检索两种方式。模糊检索：直接输入任意词或者短语，表示在文章所有字段中检索。精确检索：检索词部分使用引号或书名号括起来，表示精确匹配。精确匹配依据限定字段的不同，在文章中的检索范围也有不同。

（2）高级检索。

点击首页的"高级检索"，系统就进入"高级检索"界面，如图 3-2-38 所示。高级检索的功能是在指定的范围内，通过增加检索条件与筛选条件以满足用户更加复杂的要求，检索到满意的信息。高级检索还提供主题词扩展与检索历史的功能。用户可依据需要选择主题、题名或关键词、题名、作者、作者单位、中图分类号、期刊-基金、第一作者等限定字段获取相关文献。

图 3-2-38　万方数据知识服务平台期刊高级检索界面

系统可保存 30 天的检索历史，可依据需要对资源进行订阅，订阅系统会定期推送相关的资源。

（3）专业检索。

在高级检索界面中点击"专业检索"，进入"专业检索"界面，如图 3-2-39 所示。该功能需要检索人员根据系统能够识别的检索语法编制检索式进行检索。它适合于熟练掌握通用检索语言（Common Query Language，CQL）的专业检索人员。

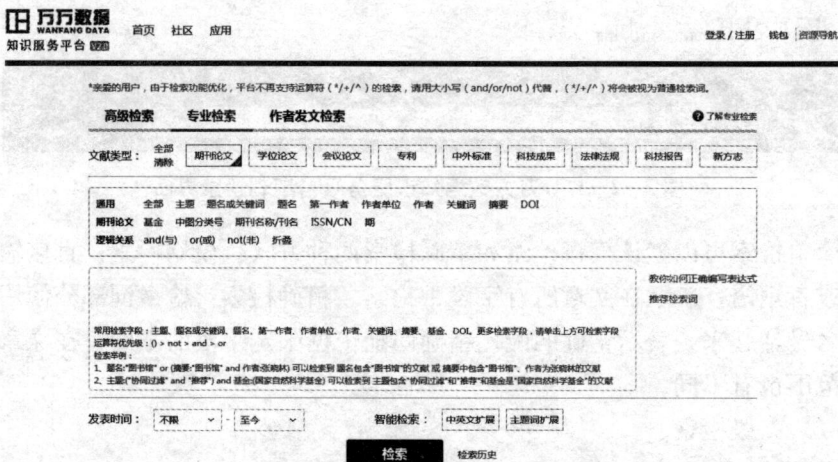

图 3-2-39　万方数据知识服务平台期刊专业检索界面

专业检索可以使用""（双引号）进行检索词的精确匹配限定。例如，题名或关键词：（（"协同过滤"and"推荐算法"）or（"协同过滤"and"推荐系统"and"算法"）or（"协同过滤算法"）），如图3-2-40所示 。

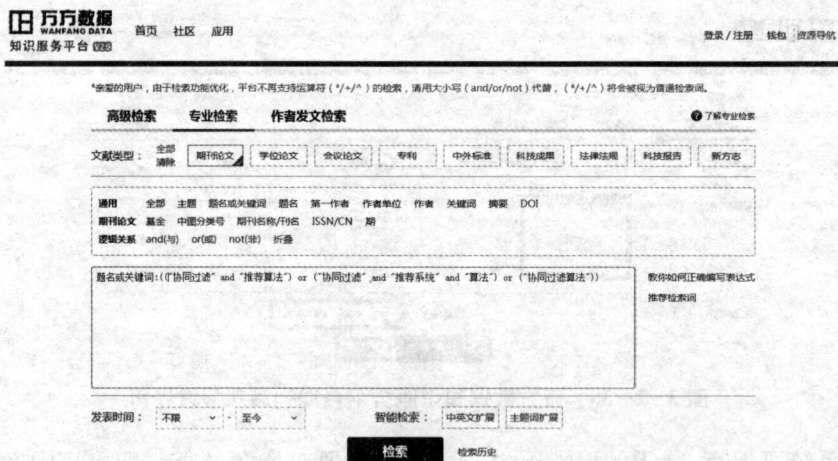

图 3-2-40　万方数据知识服务平台期刊专业检索操作界面

（4）作者发文检索。

可以通过输入作者名称和作者单位等字段来精确查找相关作者的学术成果，系统默认精确匹配，但可自行选择精确或模糊匹配。同时，还可以通过点击输入框前的"+"号来增加检索字段。若某一行未输入作者或作者单位，则系统默认作者单位为上一行的作者单位，如图3-2-41所示。

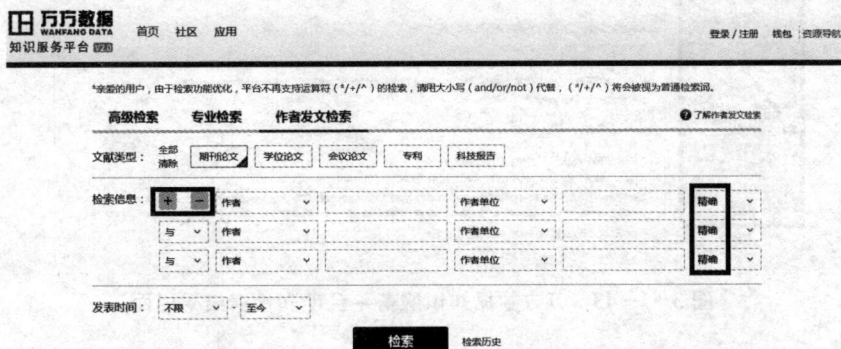

图3-2-41　万方数据知识服务平台期刊作者检索界面

例如检索同时包含武汉大学李丽和李伟两位学者的文献，如图3-2-42所示。

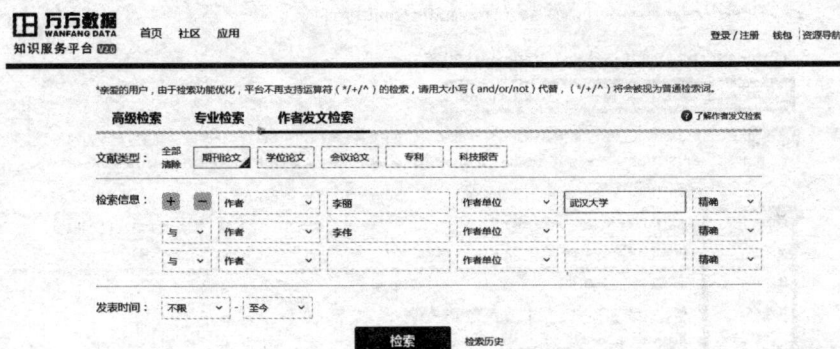

图3-2-42　万方数据知识服务平台期刊作者检索实例

3. 检索结果

（1）检索结果显示。

检索结果列表：数据库的检索结果以题录形式显示，一次显示20条，也可手动更改显示数目。可看到该文献的文献类型、期刊来源、发表卷和期、作者、摘要、关键词等信息。可以通过左侧的筛选栏选择不同的分类方式进行浏览。排序方式有相关度、出版时间、被引频次及下载量等，如图3-2-43所示。

图 3-2-43　万方数据知识服务平台期刊检索结果界面

（2）检索结果处理。

选中一条检索记录，进入该文献详细显示页面。该页面详细展示了文献的中英文题名、中英文摘要、关键词、作者、作者单位、来源期刊、分类号、关键词、参考文献等信息，如图 3-2-44 所示。

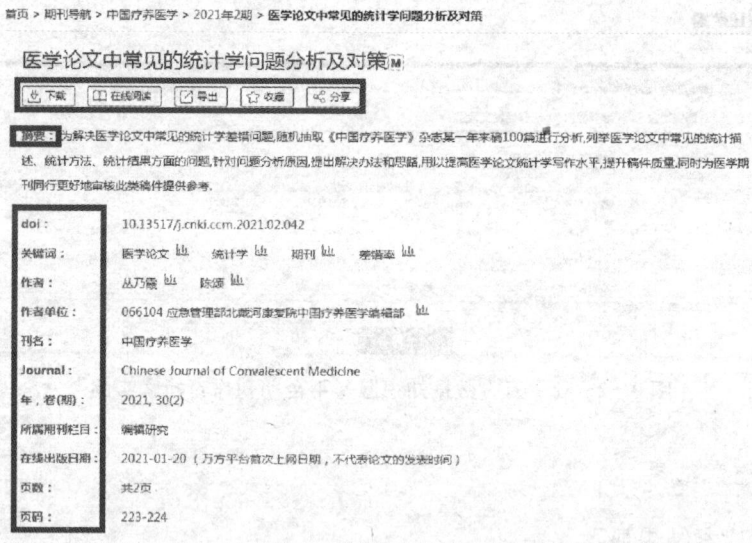

图 3-2-44　万方数据知识服务平台期刊检索结果处理界面

点击在线阅读即可在网页中直接对全文进行浏览，在该页面可直接进行放大、缩小、保存及打印等操作，如图 3-2-45 所示。点击下载全文则可直接将全文下载。

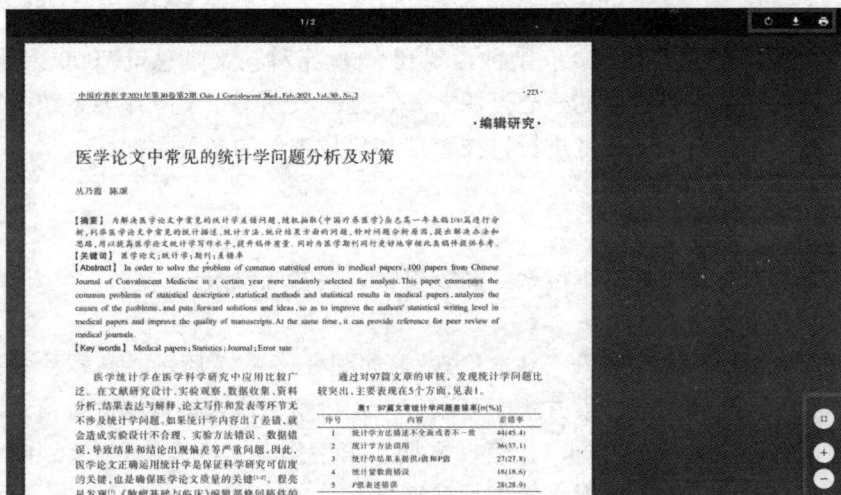

图 3-2-45　万方数据知识服务平台期刊检索结果下载界面

导出功能可以将选中的文献根据用户所需要的格式进行题录信息导出，如图 3-2-46 所示。

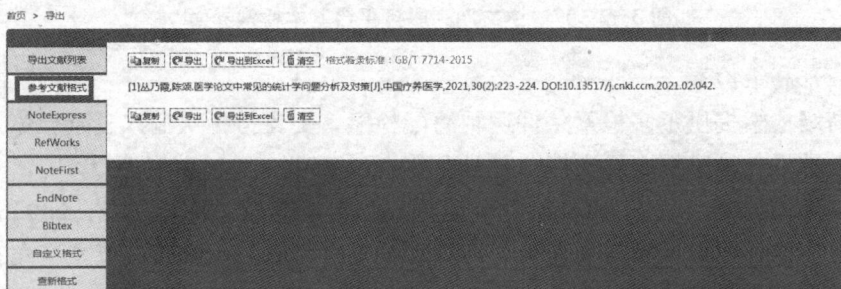

图 3-2-46　万方数据知识服务平台期刊检索结果导出界面

（三）维普期刊资源整合服务平台

维普期刊资源整合服务系统是提供中文科技期刊资源一站式检索及深度服务的平台，是一个由单纯提供原始文献信息服务过渡延伸到提供深层次知识服务的整合服务系统。其包括但不限于以下功能：中文期刊检索、文献查新、期刊导航、检索历史、引文检索、引用追踪、H 指数、影响因子、排除自引、索引分析、排名分析、学科评估、顶尖论文服务等。服务模块主要有"期刊文献服务"模块、"文献引证追踪"模块、"科学指标分析"模块。在此主要介绍"期刊文献服务"模块的使用方法。

中文科技期刊数据库是维普期刊资源整个服务平台的主要部分，其诞生于1989 年，累计收录期刊 15000 余种，现刊 9000 余种，文献总量 7000 余万篇。其是我国数字图书馆建设的核心资源之一，是高校图书馆文献保障系统的重要组成部分，也是科研工作者进行科技查证和科技查新的必备数据库。

1. 检索方式

检索方式有三种：基本检索、高级检索、检索式检索。

（1）基本检索。

进入数据库后默认进入"基本检索"，如图 3-2-47 所示。基本检索是简单快捷的中文期刊文献检索方式，可以直接在检索框输入检索词进行检索，还可以通过选择题名或关键词、作者、文摘、第一作者、机构、刊名、分类号、参考文献、基金资助等检索入口进行精确检索。

图 3-2-47　中文期刊服务平台基本检索界面

（2）高级检索。

高级检索提供了多检索条件逻辑组配检索，更支持一次输入复杂检索式查看命中结果。检索框中可支持"并且"（AND/and/ ＊）、"或者"（OR/or/＋）、"非"（NOT/not/－）三种简单逻辑运算；逻辑运算符 AND、OR、NOT，前后须空一格；逻辑运算符优先级为 NOT＞AND＞OR，且可通过英文半角括号进一步提高优先级；表达式中，检索内容包含 AND/and、NOT/not、OR/or、＊、－ 等运算符或特殊字符检索时，需加半角引号单独处理；精确检索请使用检索框后方的"精确"选项。

高级检索也提供了很多入口，各检索框可以依据需要进行逻辑关系组配，可以通过检索框后的＋、－号对检索框进行增加或删减。系统还提供查看同义词的功能，扩大检索范围。同时通过时间限定、期刊范围和学科限定让检索更具专指性，如图 3-2-48 所示。

图3-2-48 中文期刊服务平台高级检索界面

（3）检索式检索。

检索式检索为用户提供个性化需求，在检索框中使用布尔逻辑运算符对多个检索词进行组配检索。执行检索前，还可以选择时间、期刊来源、学科等筛选条件对检索范围进行限定。每次调整检索策略并执行检索后，均会在检索区下方生成一个新的检索结果列表，方便用户对多个检索策略的结果进行比对分析。书写规则：逻辑运算符 AND、OR、NOT 可兼容大小写，逻辑运算符优先级为（）＞NOT＞AND＞OR；所有运算符号必须在英文半角状态下输入，前后须空一格，英文半角引号表示精确检索，检索词不做分词处理，作为整个词组进行检索，以提高准确性。U＝任意字段、M＝题名或关键词、K＝关键词、A＝作者、C＝分类号、S＝机构、J＝刊名、F＝第一作者、T＝题名、R＝文摘。其操作如图3-2-49所示。

图3-2-49　中文期刊服务平台检索式检索操作界面

2. 期刊导航

多渠道快速定位期刊，可以实现年、卷、期的内容浏览及相关期刊或文献的漫游。期刊导航提供多种方式来查找所需要的期刊：刊名检索、ISSN号检索、字母顺序检索、期刊分类导航等（如图3-2-50所示）。

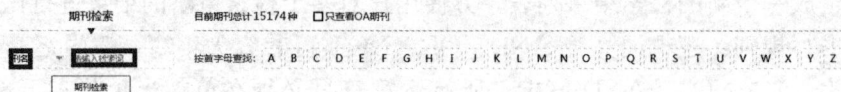

图3-2-50　中文期刊服务平台期刊导航界面

（1）期刊查找。

按字顺查：按期刊名的第一个字母字顺进行查找。

按学科查：点"学科分类名称"可查看该学科涵盖的所有期刊。还可限制"核心期刊""核心期刊和相关期刊"，选择"核心期刊"则只能查看所选学科类别下涵盖的核心期刊。

期刊搜索：提供刊名和ISSN号检索入口，ISSN号检索必须是精确检索，刊名字段的检索属于模糊检索；期刊检索提供二次检索功能。

（2）期刊列表。

期刊列表页面上提供的相关信息有刊名、ISSN号、CN号、核心期刊标记等。

（3）文章检索。

点击期刊列表页面上的期刊名称，进入单个期刊的整刊浏览页面。整刊检索提供"跨年检索"和"某年内按期浏览"两种方式。在一次检索的基础上，可进行二次检索。

3. 检索结果

检索结果显示如图 3-2-51 所示。结果页显示了题名、作者、期刊名、期刊级别、期刊的年卷期、摘要、关键词等信息。

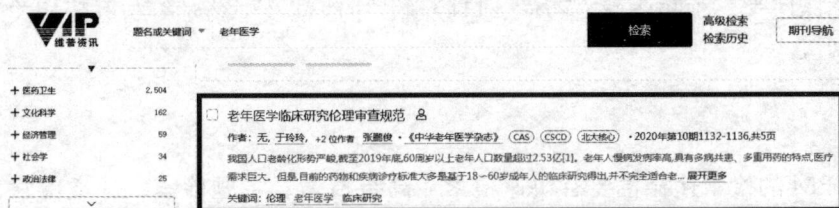

图 3-2-51　中文期刊服务平台期刊检索结果界面

若需阅读原文或下载可以点击题名进入相关页面在线阅读或下载 PDF，如图 3-2-52 所示。

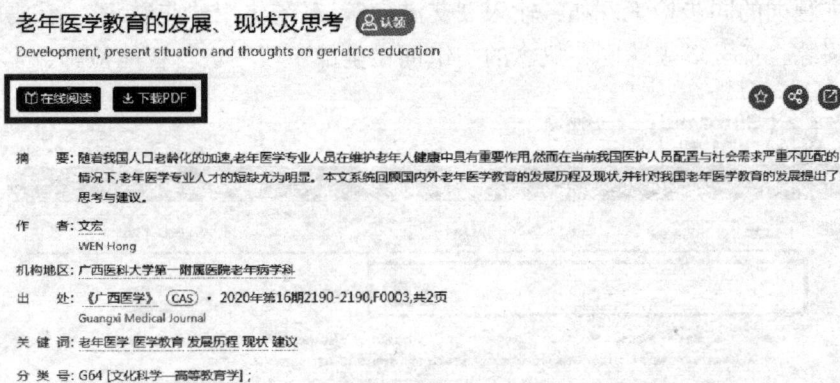

图 3-2-52　中文期刊服务平台期刊检索结果导出界面

（四）中国生物医学文献服务系统（SinoMed）

中国生物医学文献服务系统（SinoMed）由中国医学科学院医学信息研究所/图书馆开发研制。其涵盖资源丰富，能全面、快速地反映国内外生物医学领域研究的新进展，功能强大，是集检索、统计分析、免费获取、全文传递服务于一体的生物医学中外文整合文献服务系统。在此将讨论中国生物医学文献服务系统中的生物医学文献数据库（China Biology Medicine，CBM）的使用方法与技巧。

1. 中国生物医学文献数据库概述

CBM 由拥有专业医学信息研究队伍的中国医学科学院医学信息研究所开发研制，收录 1978 年以来 1600 多种中国生物医学期刊约 300 万篇文献，著录内容既包括简单的题录信息也包括引文在内的摘要数据。学科范围涉及基础医学、临床医学、预防医学、药学、口腔学、中医学及中药学等与医药相关的各个领域。

2. 检索方法

CBM 的检索途径主要有快速检索、高级检索、主题检索、分类检索、期刊检索五种。

（1）快速检索。

快速检索默认在全部字段内检索。进入检索界面（图 3-2-53）后输入检索词，系统将自动实现检索词、检索词对应主题词和同义词以及该主题词所含下位主题词的同步检索。如：输入"艾滋病"，系统将用"艾滋病""获得性免疫缺陷综合征"等表达同一概念的一组词在全部字段中进行智能检索。

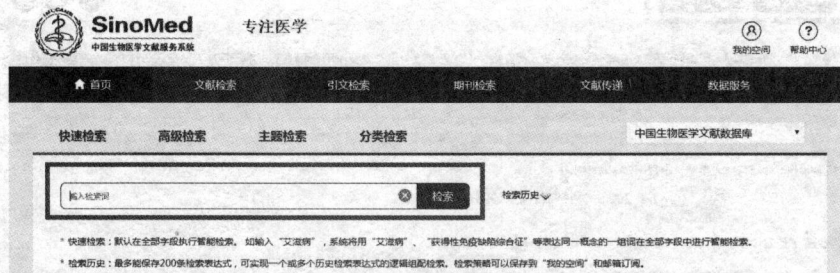

图 3-2-53　中国生物医学文献数据库快速检索界面

（2）高级检索。

高级检索是选择限定字段并匹配适合的布尔逻辑关系，以构建复杂表达式的检索方式。在构建表达式时应该注意：每个检索框只允许输入一个检索词，同一检索框内不支持逻辑运算符检索。

检索步骤：选择"高级检索"检索入口，在"构建表达式"后面选择限定字段，输入检索词，然后根据检索需求选择正确逻辑运算符，执行"检索"操作。检索界面如图 3-2-54 所示。

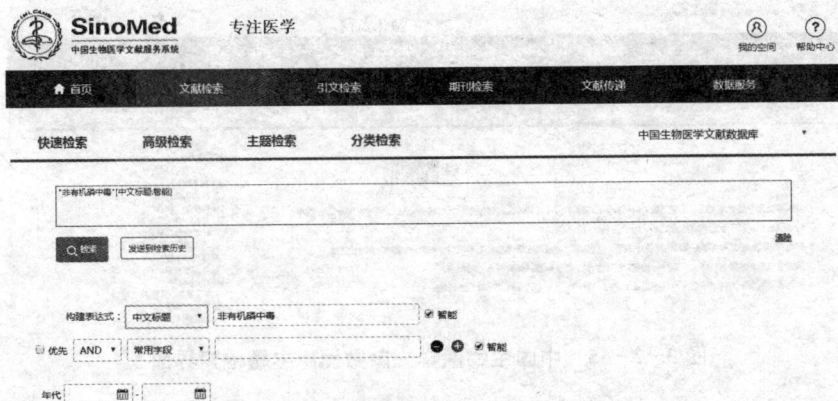

图 3-2-54　中国生物医学文献数据库高级检索界面

常用字段：在中国生物医学文献数据库（CBM）中，常用字段指的是中文标题、摘要、关键词、主题词等组合。

智能检索：自动实现检索词及其同义词（含主题词）的同步扩展检索。

精确检索：是检索结果等同于检索词的一种检索，适用于关键词、主题词、作者、刊名等字段。例如："马莉"［作者］。

限定检索：限定检索把年代、来源语种、文献类型、年龄组、性别、对象类型、其他等常用限定条件整合到一起，用于对检索结果的进一步限定，可减少二次检索操作，提高检索效率。一旦设置了限定条件，除非用户取消限定条件，否则在用户的检索过程中，限定条件一直有效。

构建表达式：构建包含多个检索词的表达式。构建表达式时，输入的字符串自动用英文双引号包围作为一个整体。例如："肺肿瘤"［常用字段］。

检索历史：最多允许保存 200 条检索表达式，可从中选择一个或多个检索表达式并用逻辑运算符"AND""OR""NOT"组成更恰当的检索策略。检索策略可以保存到"我的空间"。

（3）主题检索。

CBM 医学主题词表收录了美国国立医学图书馆美国《医学主题词表（MeSH）》中译本和中国中医研究院图书情报研究所出版的《中国中医药学主题词表》中的所有词条。

主题词表可用中文主题词或英文主题词进行查找，可选主题词的同义词、相关词、上位词、下位词进行查找，也可浏览主题词、副主题词的注释及树形结构等信息。主题检索界面如图 3-2-55 所示。

图 3-2-55 中国生物医学文献数据库主题检索界面

"注释"包括主题词的中文名、英文名、款目词、树状结构号、副主题词组配参照、检索注释、标引注释等内容。主题词注释界面如图 3-2-56 所示。

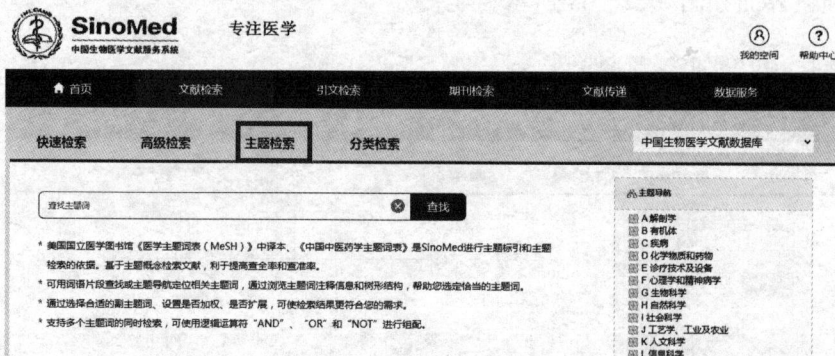

主题词:	肿瘤
英文名称:	Neoplasms
款目词:	癌症; 恶性肿瘤
树状结构号:	C04
副主题词组配参照:	secondary: Neoplasm Metastasis(肿瘤转移)
标引注释:	general; prefer specifics; familial: consider also also NEOPLASTIC SYNDROMES, HEREDITARY; metastatic cancer of unknown origin: index NEOPLASM METASTASIS
检索注释:	pre-explosion ≈ NEOPLASMS (PX)
历史注释:	/diagnosis was NEOPLASM DIAGNOSIS 1964-65; /etiology was NEOPLASM ETIOLOGY 1964-65; /immunology was NEOPLASM IMMUNOLOGY 1964-65; /radiotherapy was NEOPLASM RADIOTHERAPY 1964-65; /therapy was NEOPLASM THERAPY 1964-65; NEOPLASM STATISTICS 1964-65; CARCINOGENESIS was heading 1977
主题词详解:	New abnormal growth of tissue. Malignant neoplasms show a greater degree of anaplasia and have the properties of invasion and metastasis, compared to benign neoplasms.

图 3-2-56 中国生物医学文献数据库主题词注解界面

• "不扩展/扩展"检索:"不扩展"是对单个主题词进行查找,"扩展"是对主题词及其下位词进行扩展检索。

• "加权/不加权"检索:"加权检索"是对单个主题词进行加权(主要概念)检索。"加权"表示主题词的重要程度,反映文章论述的主要内容。加权主题词用"*"表示,如"*肝肿瘤"。加权检索表示仅对加星号主题词(主要概念主题词)进行检索;"不加权检索"表示对加星号主题词和非加星号主题词(非主要概念主题词)均进行检索。数据库默认状态为"不加权检索"。

主题词、副主题词组配检索说明:

• 副主题词:副主题词用于对主题词的某一特定方面加以限制,强调主题概念的某些专指方面。如:"肝/药物作用"表示检索的文献并非所有研究肝脏的文章,而是检索药物对肝脏的影响。

• 副主题词扩展检索:一些副主题词之间也存在上下位关系,如副主题词"副作用"的下位词包括"中毒"和"毒性"。选择"扩展副主题词",指对该副主题词及其下位副主题词进行检索,非扩展检索则仅限于当前副主题词"副作用"。

主题检索的注意事项:

主题词与副主题词的组配有严格的规定,不是所有的副主题词都能与每个主题词进行组配。而在实际检索过程中,也应该注意对主题词的筛选,需要仔细阅读主题词注释的定义和历史注释,看看有否更合适的相关主题词、上位词及下位词可纳入检索;通过快速检索查收到文献后,在检索结果的主题词字段中若发现更合适的主题词,再用主题词到"主题检索"中重新检索;在找不到最专指词的情况下,可选择与其含义最近的上位词进行检索,再从检索结果中筛选所需要的文献。

(4)分类检索。

分类检索是依据《中国图书馆图书分类法》医学类目分类号或分类词进行检索。它从文献所属的学科角度进行检索,有利于提高族性检索。

在 CBM 中欲查找某学科主题文献时,可以通过两种方式实现:一种是在类名、类号输入框输入学科类名或类号来实现,另一种是通过分类导航逐级展开来实现。

检索步骤如下:

第一步:在 CBM 的分类检索页面检索入口选择"分类名",输入"胃肿瘤"后点击"查找",在列出的所有分类名中查找"胃肿瘤",点击分类名"胃肿瘤"。

第二步:分类词注释详细页面显示了该分类可组配的复分号、详细解释和所在树形结构。可以根据检索需要,选择是否"扩展检索"。"胃肿瘤的药物疗法"应选择复分号"药物疗法""化学疗法"。"添加"后"发送到检索框",再点击"分类检索"按键,即可检索到"胃肿瘤的药物疗法"方面的文献。

复分组配检索:复分组配用于对主类号某一特定方面加以限制,强调某些专指方面。如:复分号"022"表明主类号的"病理学"方面。不是所有类号都有复分组配,仅以下类号可进行复分组配:R25/278 中医各科及中医急症学、R5/8 临床各科疾病与"临床医学复分表"进行复分组配,R282.71/.77 各种药材与"各类药材分类复分表"进行复分组配。

分类检索中也包含了对地理名称的分类。地理名称为 RZ 类,排列在分类表的最后。例如:RZ2 中国,RZ21 北京市,RZ231 辽宁省。可以单独检索,也可以与主类号组配检索。例如:北京市病毒性肝炎的流行病学调查,采用

R512.601 和 RZ21 检索。

（5）期刊检索。

通过期刊表可以浏览数据库中收录期刊的详细信息，可以从期刊导航、刊名、出版单位、出版地、ISBN 和主题词途径进行查找。

检索的步骤：点击页面上方的"期刊检索"按钮，即进入检索界面，选择检索入口，即刊名、出版单位、出版地、ISBN 或期刊主题词，输入检索词，点击"查找"按钮。"刊名"字段检索：输入所查刊名（或刊名中的任何字、词），点击"查找"便可显示带有检索字、词片段的所有期刊刊名、ISSN 和命中文献数。"出版地"字段检索：输入某一地名，点击"查找"显示该出版的所有期刊刊名，从含有该检索词的期刊列表中选择合适的期刊名；选择"含有更名期刊"，可检索出该刊和更名期刊；设置年代及刊期（默认为全部），屏幕下方还可提供该刊的基本信息，包括主办编辑单位、编辑部地址、刊号、创刊日、邮发代码、邮政编码、电话等，点击"浏览本刊"按键，即可完成特定其刊的检索。

3. 检索结果

CBM 平台支持多种个性化检索结果浏览和输出设置。

（1）检索结果的显示。

• 单页记录显示条数：可自主设置每页显示的命中记录数，系统默认每页显示 20 条。

• 排序方式：支持"年代""作者""期刊"和"相关度"4 种排序方式。系统支持的最大排序记录数为 65000 条。

• 检索结果显示格式：支持"题录格式""文摘格式"和"详细格式"3 种检索结果显示格式。

（2）检索结果的输出。

支持"打印""保存"和"E−mail"3 种检索结果输出方式。单次"打印""保存"的最大记录数为 500 条，单次"E−mail"发送的最大记录数为 50 条。可对全部检索结果记录进行显示浏览或输出，也可只对感兴趣的记录进行显示浏览或输出。

（3）全文获取。

点击"获取原文"图标，根据全文链接情况可能出现三种信息提示：①直接下载原文；②显示题录列表，选择所要下载的原文；③申请人工全文服务。

（五）PubMed 医学文献检索服务系统

外文医学资源检索的工具比较多，如 PubMed 数据库、Elsevier 数据库、EBSCOhost 检索系统、SpringerLink 数据等。由于 PubMed 是面向全球免费开放的医学数据库，也是开展学科服务最常用的外文数据库，所以本节重点对 PubMed 数据库使用方法进行详细的介绍。

1. PubMed 简介

PubMed（http://www.ncbi.nlm.nih.gov/pubmed）是美国国立图书馆（The National Library of Medicine，NLM）下属的国家生物技术信息中心（National Center for Biotechnology Information，NCBI）开发和维护的基于 Web 的生物医学文献检索系统，是 Entrez 集成检索系统的重要组成部分。Entrez 是一个用以整合 NCBI 系列数据库信息的检索工具，这些数据库包括核酸序列数据库、蛋白序列数据库、大分子结构数据库、基因组序列数据库以及 Medline 数据库等。PubMed 具有信息资源丰富、信息质量高、更新及时、检索方式灵活多样、链接功能强大、使用免费等特点，自 1997 年向用户免费提供 Medline 检索服务以来，已经成为科研人员检索英文文献最主要的途径。

Medline 数据库是 NLM 研制开发的国际上最具有权威的综合性生物医学文献书目数据库。其包括三种重要的索引：医学索引（Index Medicus）、牙科文献索引（Index to Dental Literature）、国际护理索引（International Nursing Index）。它收录了 1950 年以来 80 多个国家和地区的 5000 多种生物医学及相关学科期刊，其中约 80％为英文文献。Medline 数据库文献涉及的学科范围包括基础医学、临床医学、药理学、预防医学、护理学、口腔医学、兽医学、生物学、环境科学、卫生管理和情报科学等。

2. PubMed 检索规则

（1）词语自动转换（automatic term mapping）。

它是 PubMed 检索系统最大的特色，采用自然语言接口技术，自动对输入的检索词进行分析、匹配、转换并检索。其基本原理是先对输入的检索词在多个索引表（MeSH 转换表、刊名转换表、著者索引等）中进行搜索、比对，并自动转换为相应索引表中的词，再将转换的索引词在所有字段中检索。如果输入多个检索词或词组，系统会自动对单词或词组进行拆分，并执行 AND 运算。

• MeSH Translation Table（MeSH 转换表）：该表包括 MeSH 词、参见词、副主题词、出版类型、药理作用词、统一医学语言系统（Unified Medical Language System，ULMS）中的英文同义词和异体词、化学物质名称及其异体词。系统在该表中找到了与检索词相匹配的词，就会自动转换为相应的 MeSH 词，同时保留原输入词执行检索。如在检索框输入"vitamin c"，单击"Search"，在检索历史页面的"Search details"中可以看到转换后的检索表达式为："ascorbic acid"［MeSH Terms］OR（"ascorbic"［All Fields］AND "acid"［All Fields］）OR "ascorbic acid"［All Fields］OR "vitamin c"［All Fields］。其中"ascorbic acid"就是"vitamin c"的 MeSH 主题词。

• Journals Translation Table（刊名转换表）：该表包含刊名全称、缩写、ISSN。检索框中输入的刊名会按该表转换成 Medline 缩写刊名后进行检索。如输入 Journal of medical systems，系统转换为"J Med Syst"［Journal］OR（"journal"［All Fields］AND "of"［All Fields］AND "medical"［All Fields］AND "systems"［All Fields］）OR "journal of medical systems"［All Fields］。如果输入的是刊名缩写或 ISSN 号，系统则不会在所有字段中检索，只检索此期刊中发表的文献记录。

• Author Index（著者索引）：如果输入的检索词在上述两表中未找到匹配词，或键入的词后面跟一两个字母，PubMed 会查找著者索引，如输入"yang ziheng"，其转换结果为 Yang, Ziheng［Full Author Name］。如果仍然没找到匹配词，PubMed 会把该词拆分后重复检索上述词表，直到找到相匹配的词语为止。

（2）截词检索。

PubMed 支持使用"＊"号作为通配符进行截词检索。截词检索仅支持单词词尾截词，不支持词头和词中，也不支持词组的扩展。如果扩展的单词量超过 600 个，PubMed 会给出提示，只检索前 600 个单词。使用截词检索功能时，PubMed 会关闭词语自动转换功能。

（3）强制检索。

如果用户不想将输入的词组被分割进行检索，就可使用强制检索功能，采用双引号将检索词引起来，系统就会将其作为不可拆分的短语形式在所有字段中执行检索。使用双引号强制检索时，PubMed 会关闭词语自动转换功能。

（4）布尔逻辑检索。

在 PubMed 检索输入框中，可直接使用布尔逻辑运算符 AND、OR、NOT 进行组合检索，运算符不区分大小写，可使用圆括号改变运算顺序。如可输入"allergen AND（asthma OR rhinitis）"进行检索。

3. PubMed 检索方法

（1）基本检索。

在 PubMed 检索框中可输入各种检索词进行检索，也可输入逻辑运算符连接的检索式，还可输入检索字段标识符进行检索。但需要注意以下几个方面：

- 著者检索：输入著者姓名的全称或者姓氏全称加名缩写均可进行检索。如输入"zhang san"或者"zhang s"均可检索，但检索结果不尽相同。前者是精确检索，但可能会漏掉一些记录，这些记录中可能尚未对"zhang san"编入著者全名索引。后者是模糊检索，检索含有"zhang s"的所有记录。

- 刊名检索：输入刊名全称、刊名缩写或者 ISSN 均可。如输入"Journal of medical systems"或者"J Med Syst"或者"0148−5598"，均可进行检索。

- 字段标识符检索：在 PubMed 主页面的检索框中，可以直接在检索词后用方括号添加检索字段标识进行限定检索。如输入"hypertension［TI］AND 2021［DP］"，表示检索 2021 年出版的篇名中含有"hypertension"的文献。

（2）高级检索。

在 PubMed 首页界面单击检索框下的"Advanced"，即可进入高级检索页面，如图 3−2−57 所示。高级检索由检索式构建器（PubMed Advanced Searcher Builder）和检索历史与细节（History and Search Details）两个部分组成。

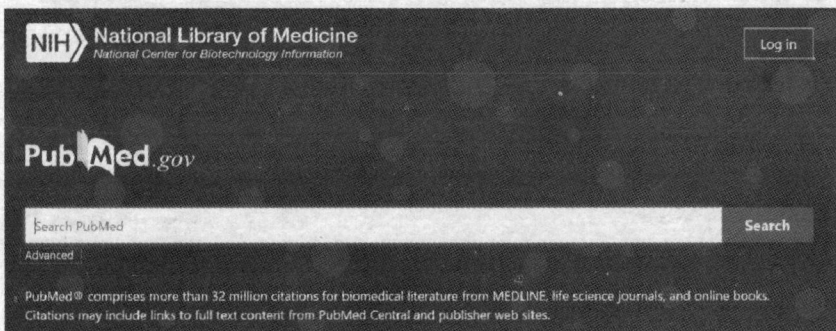

图 3−2−57　PubMed 首页界面

• 检索式构建器：它由检索表达式显示编辑窗口和表达式构建器组成。在"Builder"下方的左边下拉菜单选择合适的字段（默认"All Fields"），在旁边的检索框中输入检索词，然后点击右方的"ADD"键将检索式添加到下面的检索框中。如果需要多个字段或多个检索词进行逻辑组合，可在最右方下拉菜单中选择"Add with AND""Add with OR""Add with NOT"，如图3-2-58所示，构建的逻辑表达式也会自动显示在下方的显示窗口，无须手动添加。构建表达式完成后，还可根据逻辑顺序手动修改，然后单击"Search"按钮即可得到检索结果页面。

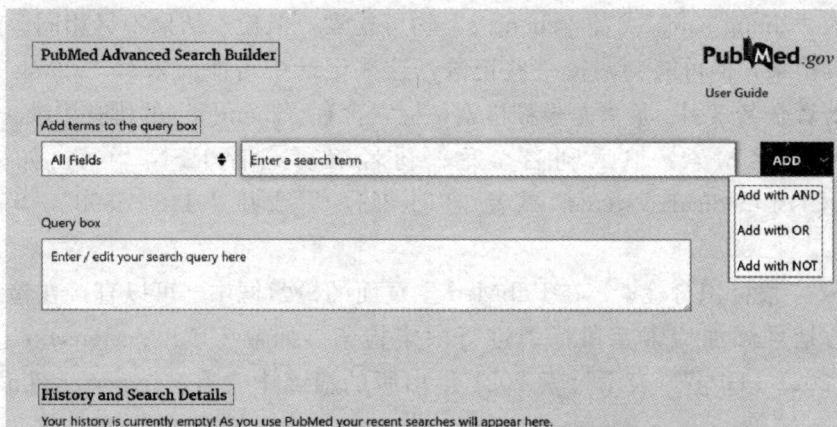

图 3-2-58　PubMed 高级检索界面

• 检索历史与细节：高级检索界面将检索历史直接显示在下方，如图3-2-59 所示。

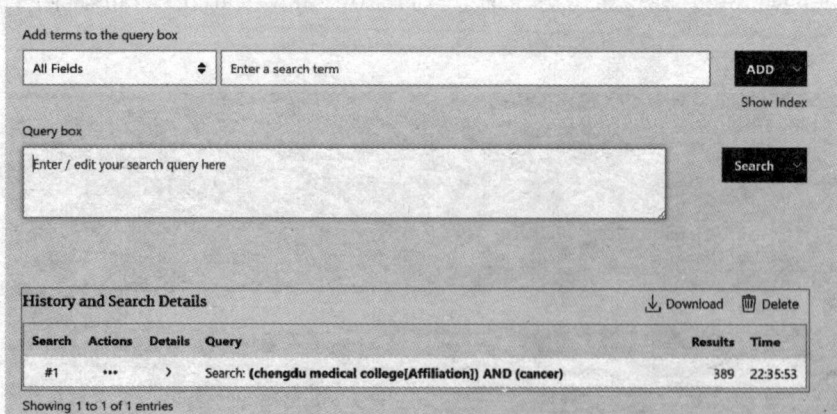

图 3-2-59　PubMed 检索历史显示界面

（3）主题词检索。

在 PubMed 主页直接选择"MeSH Database"即可进入主题词检索界面进行主题词检索，如图 3-2-60 所示。

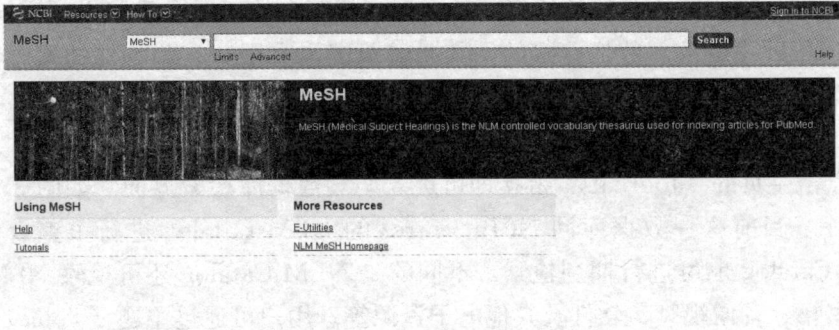

图 3-2-60　MeSH 主题词检索界面

• 主题词确定：在主题词检索框中输入检索词，点击"Search"按钮，进入主题词选择界面，系统将自动匹配与之对应或相关的主题词，用户可在系统提示的主题词中进行选择。查找 MeSH 主题词时，PubMed 还提供了专门的限制检索（Limits）和高级检索（Advanced）功能，针对 MeSH 主题词记录的各个字段来进行限制查找或逻辑组配查找。这些限制字段有 All Fields（所有字段）、MeSH Terms（主题词）、Record Type（记录类型）、Registry Number（主题词登记号）、Scope Note（学科范围）、Substance Name（物质名）和 Text Word（标题和说明文本）。这项功能适用于对主题词进行精确查找。

• 主题词检索：点击选中的主题词，进入主题词页面选择适当的副主题词（Subheadings）对检索范围进行限定。当选中副主题词后，在相应的副主题词前打钩，然后在页面右侧的主题词检索表达式构建器中单击"Add to search builder"，检索框中会出现相应的表达式，再单击"Search PubMed"即可执行检索。当选择多个副主题词时，它们之间的逻辑关系为"OR"。

主题词还可进行"加权检索"和"不扩展检索"（如图 3-2-61 所示），"加权检索"用于限定在主要概念主题词中检索，"不扩展检索"用于禁止检索当前主题词的下位词。系统默认为"不加权并扩展检索"。

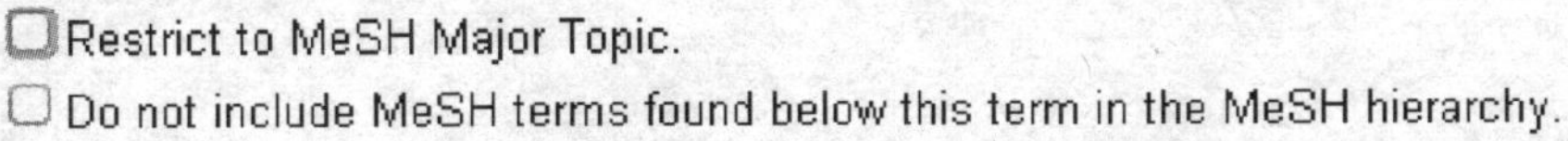

☐ Restrict to MeSH Major Topic.
☐ Do not include MeSH terms found below this term in the MeSH hierarchy.

图 3-2-61　主题词的加权检索和扩展检索按钮

主题词检索的局限性：一是因为只有收录进 Medline 数据库的文献记录有主题词，因此主题词检索只能在"PubMed－Indexed for MEDLINE"范围内检索，而 PreMedline、Publisher 等文献记录则不能够命中。二是学术的发展总是领先于 MeSH 主题词的修订，新词汇、新概念就不适合采用主题词检索。三是 MeSH 主题词总数是有限的，其涵盖范围也有限，有些特殊的概念词可能没有相对应的主题词，因此主题词检索也不适用于特殊概念的检索。

（4）期刊数据库检索。

点击主页的"Journals"链接即可进入期刊数据库检索界面，如图 3－2－62 所示。目前这一数据库同 NCBI Entrez 的 NLM Catalog 进行了整合，在 NLM Catalog 也可进行期刊检索，不同的是 NLM Catalog 还可检索 NLM 收录的书籍、音像视频、软件及其他电子资源等。用户可通过主题（Topic）、刊名全称或缩写、ISSN 号等查找期刊，也可通过 NLM Catalog 主页的"Broad Subject Terms"页面（http://wwwcf. nlm. nih. gov/serials/journals/index. cfm）按学科分类浏览 NLM 收录的相关期刊。期刊检索也有高级查询（Advanced Search），可按刊名、出版商、国家、出版年、类型等不同字段进行精确查询。

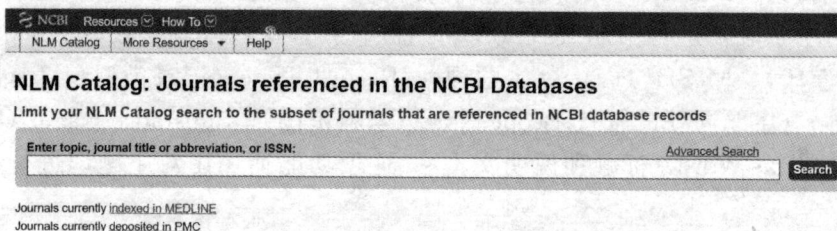

图 3－2－62 PubMed 期刊数据库检索界面

（5）单篇引文匹配检索。

在 PubMed 主页点击"Single Citation Matcher"链接可进入单篇引文匹配检索页面，如图 3－2－63 所示。其可用于准确查找某一篇文献，也可用于查找某一期刊或某一作者在某一时间或特定期、卷、号上发表的论文。

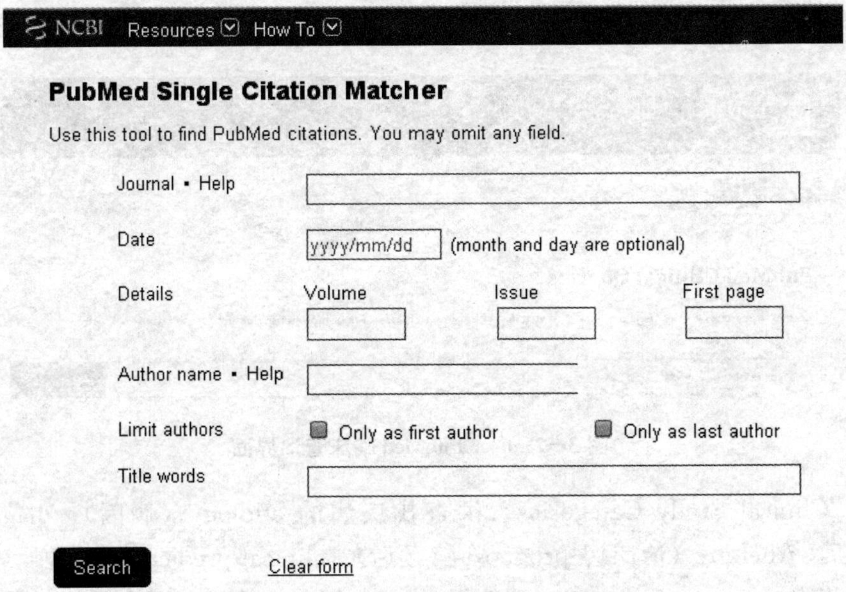

图 3-2-63　单篇引文匹配检索界面

例，已知 Jonathan Cohen 于 2012 年在 *Science* 上发表过一篇有关脂肪肝的论文，想要查到这篇论文的具体信息，利用单篇引文匹配检索如下：

在"Journal"栏输入"Science"，在"Date"栏输入"2012"，在"Author name"栏输入"Cohen J"，在"Title words"栏输入"fatty liver"，单击"Search"按钮便可得到这篇文章的题录和摘要。

（6）批量引文匹配检索。

在 PubMed 主页点击"Bath Citation Matcher"链接进入批量引文匹配器，通过在文本框内输入固定格式的检索命令，可在 PubMed 或 PMC 数据库中批量查找需要的文献记录。输入格式为：期刊名称｜年｜卷｜首页码｜著者｜用户核对标识。

每一提问式单独成行，一次最多可输入 100 条提问式。返回结果标有该文献的 PMID 号（PubMed 的识别号）。未匹配上的记录会显示以下三种情况：①INVAILD＿JOURNAL，说明输入的刊名缩写不正确；②NOT＿FOUND，说明输入的刊名正确，但因其他信息错误而未查找到完全匹配的记录；③ AMBIGUOUS，说明输入的文献信息不完全。

（7）临床查询。

"Clinical Queries"是专为临床医生查找临床文献设计的检索途径。单击 PubMed 主页的"Clinical Queries"链接即可进入该界面，如图 3－2－64

所示。

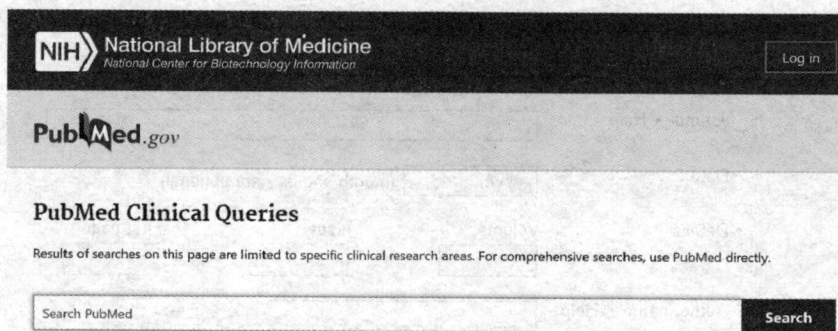

图 3-2-64　PubMed 临床查询界面

"Clinical Study Categories" 供查找疾病的 etiology（病因）、diagnosis（诊断）、therapy（治疗）、prognosis（预后）、clinical prediction guides（临床预报指南）五个方面的文献。可选择 narrow 或 broad 进行限定检索，分别强调查准或查全。

"COVID-9 Article" 提供查找新型冠状病毒肺炎的研究文章，如图 3-2-65 所示。检索字段包括：General（概况）、Mechanism（机理）、Transmission（传播）、Diagnosis（诊断）、Treatment（治疗）、Prevention（预防）、Case Reports（病例报告）、Forecast（预测）。

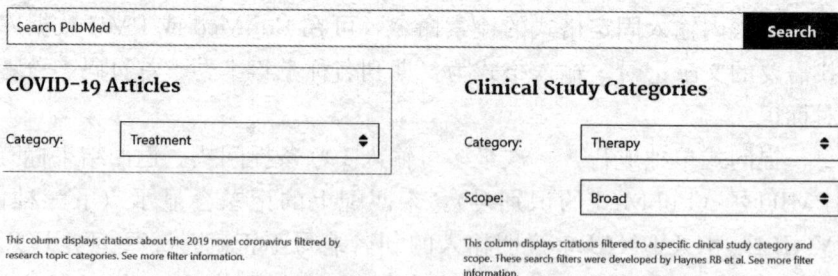

图 3-2-65　PubMed COVID-9 Article 查询界面

（8）检索结果显示、过滤与输出。

PubMed 检索结果显示页面分为两大部分，右侧为检索结果、目录、摘要等主体部分，左侧为检索结果的过滤和限定设置区，如图 3-2-66 所示。

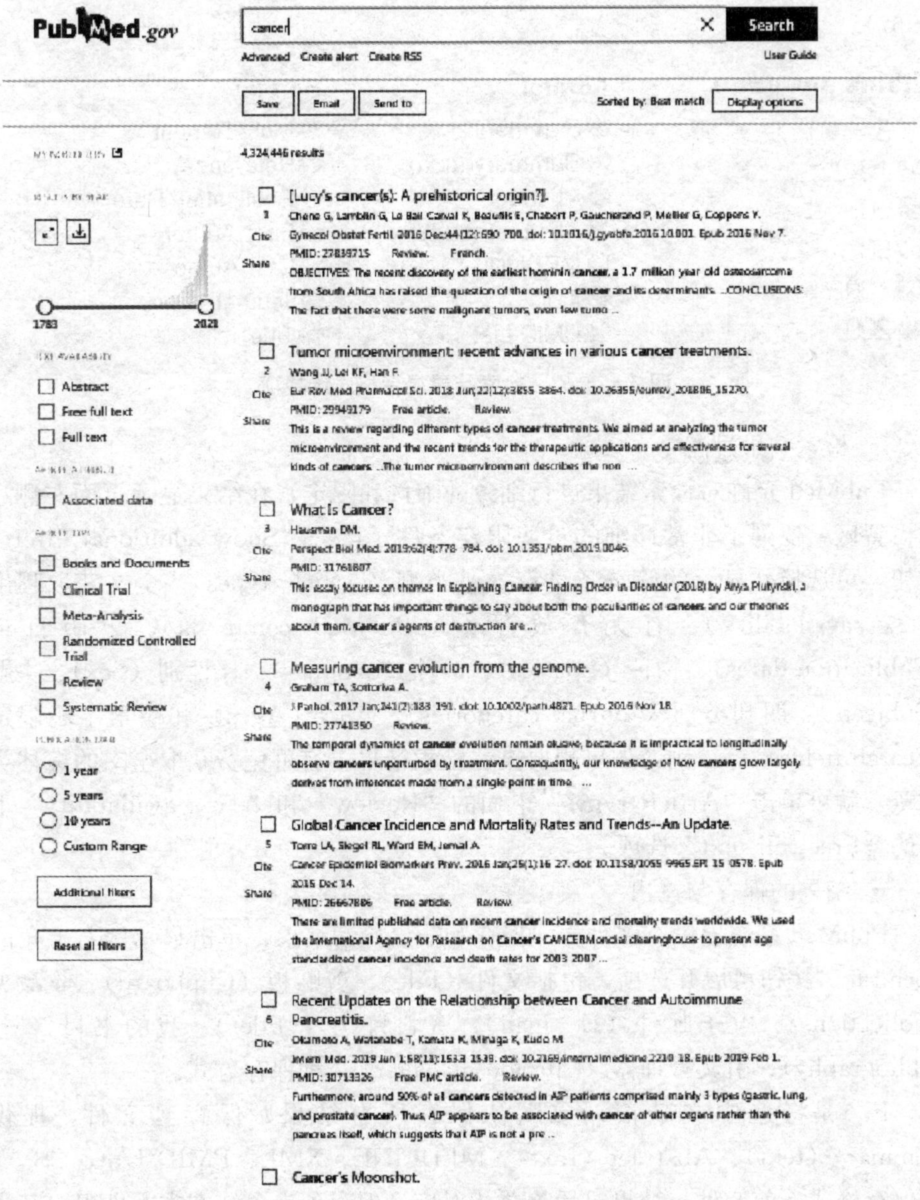

图 3－2－66　PubMed 检索结果显示界面

· 检索结果显示

PubMed 检索结果支持对 Formats（格式）、Items per page（每页显示条数）、Sort by（分类排序）显示格式的选择，系统默认显示格式为 Summary、20 per page、Most Recent，每种显示格式通过下拉菜单进行选择（如图 3－

2—67)。

Items per page	Format	Sort by
○ 5	⦿ Summary	⦿ Most Recent
○ 10	○ Summary (text)	○ Relevance
⦿ 20	○ Abstract	○ Publication Date
○ 50	○ Abstract (text)	○ First Author
○ 100	○ MEDLINE	○ Last Author
○ 200	○ XML	○ Journal
	○ PMID List	○ Title

图 3—2—67　检索结果显示格式选择项

• 检索结果过滤

PubMed 允许对检索结果进行细致的筛选和限定，在结果显示页面左侧过滤设置区，罗列了非常详细的过滤限定条件。点击"Show additional filters"按钮，可选择并显示的筛选条件有文献类型（Article types）、全文获取程度（Text availability）、有无开放评论（PubMed commons）、出版日期（Publication dates）、物种（Species）、语种（Languages）、性别（Sex）、主题（Subjects）、期刊类别（Journal categories）、年龄（Ages）和检索字段限定（Search fields）等。例：如果想要查看检索结果中有可免费获取全文的综述类文章，就可单击"Article types"下面的"Review"和"Text availability"下面的"Free full text"选项。

• 结果的保存与输出

PubMed 系统提供有多种方式保存和输出检索结果，单击显示区右上角的"Send to"按钮可展开选项，包括文件（File）、剪贴板（Clipboard）、收藏夹（Collections）、电子邮件（E—mail）、资料订购（Order）、我的书目（My Bibliography）、引文管理器（Citation manager）7 种保存方式。

File 是将选中文献记录（默认保存所有结果）保存到文件，提供 Summary（text）、Abstract（text）、MEDLINE、XML、PMID List、CSV 6 种保存格式。前 5 种与结果显示格式相对应，保存到一个纯文本文件里，其中 MEDLINE 格式的文件可导入 Endnote、NoteExpress 等文献管理工具中。CSV 格式是一种带字段的电子表格形式，可以用 Excel 等软件打开。

Clipboard 将检索结果保存在 PubMed 网站提供的一个检索结果暂存系统（剪贴板），最多允许保存 500 条记录，与检索历史一样最长保留 8 小时。添加到剪贴板后，检索结果页面右上角会显示 Clipboard 图标，单击可查看暂存的文献记录。另外通过检索历史也可查看到剪贴板记录。

Collections 是指用户注册了 My NCBI 账号并登录后，选择该项可把检索结果保存到 NCBI 个人账户中。一次最多保存 1000 条记录。

E-mail 用于将选中的文献记录以电子邮件的形式发送到指定邮箱，一次最多发送 200 条记录。

Order 是链接到 NLM 的 Loansome Doc 文献传递系统，为用户提供文献全文获取服务，但需要注册登录并支付一定的费用。

My Bibliography 是 My NCBI 中收藏夹 Collections 的一部分，也需要登录 My NCBI 账户才能保存，与保存到 Collections 类似。一次最多保存 500 条记录。

Citation manager 是将检索结果导出到文献管理软件格式，如 EndNote、Reference Manager、ProCite 等。一次最多导出 200 条记录。

另外在检索结果显示页面的基本检索框下还有"Create RSS""Create alter""Advanced"三个选项。Create RSS 是 PubMed 提供的一种文献订阅服务，可通过专门的 RSS 阅读器如 Feedly 等随时浏览 PubMed 推送的与该次检索相关的最新文献记录。Create alter 可创建一个 My NCBI 账号，Advanced 可进入高级检索界面。

• PubMed 文献记录的显示

在检索结果显示页面，单击文献标题链接，就会进入具体的文献记录显示页面，如图 3-2-68 所示。左侧主版块为文献记录详细信息，从上到下依次显示文献出处、篇名、著者、著者单位、文摘、文献记录 ID 号及收录状态等。右侧为相关链接区，包括全文获取链接、相关文献链接等。

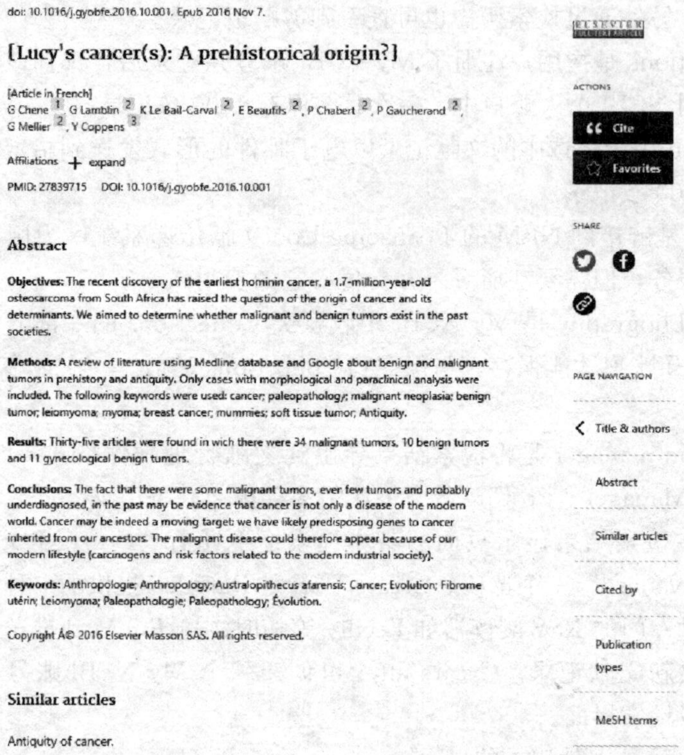
doi: 10.1016/j.gyobfe.2016.10.001. Epub 2016 Nov 7.

ELSEVIER FULL-TEXT ARTICLE

[Lucy's cancer(s): A prehistorical origin?]

[Article in French]
G Chene [1], G Lamblin [2], K Le Bail-Carval [2], E Beaufils [2], P Chabert [2], P Gaucherand [2], G Mellier [2], Y Coppens [3]

Affiliations + expand

PMID: 27839715 DOI: 10.1016/j.gyobfe.2016.10.001

ACTIONS

Cite

Favorites

SHARE

Abstract

Objectives: The recent discovery of the earliest hominin cancer, a 1.7-million-year-old osteosarcoma from South Africa has raised the question of the origin of cancer and its determinants. We aimed to determine whether malignant and benign tumors exist in the past societies.

Methods: A review of literature using Medline database and Google about benign and malignant tumors in prehistory and antiquity. Only cases with morphological and paraclinical analysis were included. The following keywords were used: cancer; paleopathology; malignant neoplasia; benign tumor; leiomyoma; myoma; breast cancer; mummies; soft tissue tumor; Antiquity.

Results: Thirty-five articles were found in wich there were 34 malignant tumors, 10 benign tumors and 11 gynecological benign tumors.

Conclusions: The fact that there were some malignant tumors, ever few tumors and probably underdiagnosed, in the past may be evidence that cancer is not only a disease of the modern world. Cancer may be indeed a moving target: we have likely predisposing genes to cancer inherited from our ancestors. The malignant disease could therefore appear because of our modern lifestyle (carcinogens and risk factors related to the modern industrial society).

Keywords: Anthropologie; Anthropology; Australopithecus afarensis; Cancer; Evolution; Fibrome utérin; Leiomyoma; Paléopathologie; Paleopathology; Évolution.

Copyright Â© 2016 Elsevier Masson SAS. All rights reserved.

Similar articles

Antiquity of cancer.

PAGE NAVIGATION

Title & authors

Abstract

Similar articles

Cited by

Publication types

MeSH terms

图 3-2-68　PubMed 文献记录显示页面

三、引文检索工具（Web Of Science）

（一）数据库简介

Web of Science（WOS）科研信息平台以 Web of Science 核心合集（科学引文索引数据库 SCIE、社会科学引文索引数据库 SSCI 等）为核心，提供了自然科学、工程技术、生物医学、社会科学、艺术与人文等多个领域中高质量、可信赖的学术信息。其中，SCIE 数据库收录了覆盖 178 个自然学科领域的超过 9000 种学术期刊的超过 5000 万篇科技文献完整的题录、文摘、参考文献等信息，其中近 1000 种期刊和近 800 万篇文献可以通过 Web of Science（SCIE）直接获取全文。SCIE 数据库的数据最早可回溯至 1900 年，数据库每日更新。

WOS 核心合集包括了科学引文索引扩展版（Science Citation Index Expanded，SCIE）、社会科学引索引（Social Science Citation Index，SSCI）、艺术与人文引文索引（Arts & Humanities Citation Index，A&HCI）、自然科

学版会议录引文索引（Conference Proceedings Citation Index－Science，CPCI－S）、社科人文版会议录引文索引（Conference Proceedings Citation Index－Science & Humanities，CPCI－SSH）、图书引文索引（Book Citation Index，BKCI）、化学反应数据库（Current Chemical Reactions，CCR）、化合物索引（Index Chemicus，IC）八个数据库。

（二）检索规则

1. 字母

不区分大小写：可以使用大写、小写或混合大小写。例如，"AIDS""Aids"以及"aids"可查找相同的结果。

2. 检索运算符

在各个检索字段中，检索运算符（AND、OR、NOT、NEAR 和 SAME）的使用会有所变化。例如，在"主题"字段中可以使用"AND"，但在"出版物名称"或"来源出版物"字段中却不能使用。可以在多数字段中使用"NEAR"，但在"出版年"字段中却无法使用。在"地址"字段中可以使用"SAME"，但不能在其他字段中使用。

值得注意的是，使用检索运算符时是不区分大小写。例如，OR、Or 和 or 检索显示的结果相同。我们在示例中都使用大写字母只是为了样式美观起见。

3. 截词检索

在大多数检索式中都可以使用通配符（＊ ＄ ?），但是通配符的使用规则会随着字段的不同而不尽相同。

4. 短语检索

若要精确查找短语，需要用引号进行短语限定。例如，检索式"energy conservation"将检索包含精确短语 energy conservation 的记录，但这仅适用于"主题"和"标题"检索。

（三）检索方式

Web of Science 提供了基本检索、作者检索、被引参考文献检索、高级检索等功能。

1. 基本检索

基本检索界面如图 3-2-69 所示。基本检索包括了主题、标题、作者等字段，同时可以通过"与""或""非"逻辑关系进行字段间的组配。

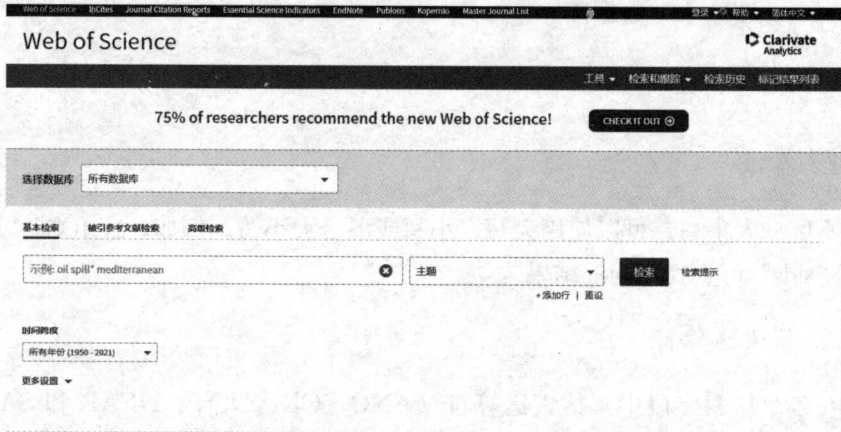

图 3-2-69　Web of Science 界面

作者检索需要首先输入姓氏，再输入空格和作者名字首字母。如 Li Yongwen，检索时可以使用"Li YW"；如果不知道作者名的全部首字母，可以在输入的首字母后用星号（*）代替，如检索时输入"Li Y*"。

标题检索是通过文献的标题查找相关文献，它仅限于检索标题明确的文献。

出版物名称检索是通过文献出版的期刊名的全称查找文献。如果记不住刊名全称，可以只输入几个单词和通配符进行检索，或者点击后面的进一步了解进入帮助栏中的出版物索引或主期刊列表查阅相关名称，选择并添加到检索框中。

地址检索是通过在作者地址中输入机构和/或地点的完整或部分名称，可以检索"地址"字段。例如，"Univ"和"Universit"可查找记录中的地址字段出现检索词"Univ"的机构。输入全名时，请不要在名称中使用冠词（a、an、the）和介词（of、in、for）。例如，可以输入"UNIV Pennsyvania"，但输入 University of Pennsylvania 将导致错误信息。常见的地址检索词可能在 WOS 数据库中采用缩写形式，例如，单词 Department 可能缩写为"Dept"或"Dep"。

作者识别号检索是通过输入作者标识号进行检索。作者标识符是 Web of

Science Researcher ID 号或 ORCID。此检索不支持使用通配符 * / ? / $。

　　团体作者检索通过输入团体作者的姓名。团体作者是被赋予来源出版物（如文献、书籍、会议录文献或其他著作类型）著作权的组织或机构。输入团体作者的姓名以检索全记录中的以下字段："机构作者"和"书籍团体作者"。可以输入全名，或使用通配符（ * /$/?）输入部分姓名。例如，检索 Worldwide* 可查找例如以下的团体作者——Worldwide Network Blood & Marrow T 或 Worldwide Wave Investigators 或 Worldwide Study Grp 等结果。

　　2. 高级检索

　　高级检索需要通过编辑检索式进行检索，不同检索词之间可以用逻辑运算符、截词符、位置符进行组配。

　　字段标识：AD＝地址、AI＝作者标识符、AU＝作者、DO＝DOI、ED＝编者、GP＝团体作者、IS＝ISSN/ISBN、PY＝出版年、SO＝出版物名称、SU＝研究方向、TI＝标题、TS＝主题。

　　如：AU＝Chen J* NOT AD＝China 表示查找作者是 Chen J（包括 Chen，Jiaji；Chen，Jun-Yuan；Chen，Jian；Chen，Jian-Xiu 等）的记录，但排除"地址"字段中出现 China 的记录，如图 3-2-70 所示。

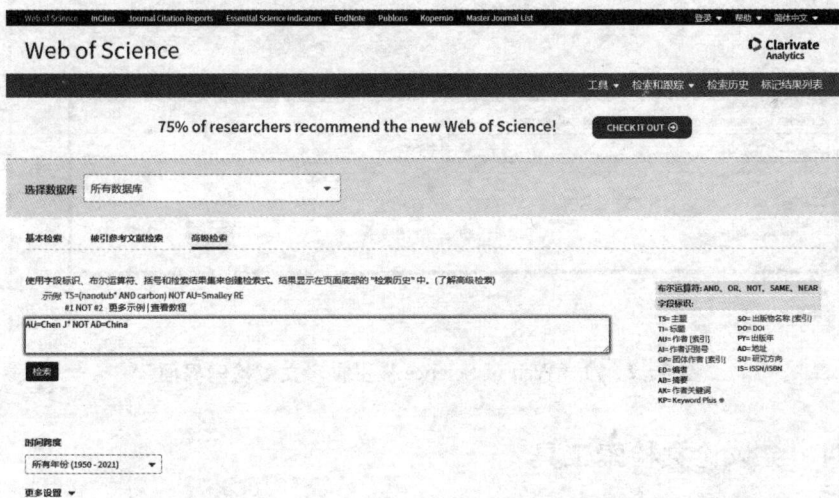

图 3-2-70　Web of Science 高级检索界面实例

　　3. 被引参考文献检索

　　如果手上只有一篇文章、一个专利号、一本书或一篇会议论文时，如何了解该研究领域的最新进展？如何了解某位作者发布文献的被引用情况？

被引参考文献检索主要用于查找科技文献被引用的情况，是从被引用文献查到引用文献的过程。可用被引著者（Cited Author）、被引文献（Cited Works）和被引文献发表年代（Cited Year）作为检索点进行检索。被引著者检索是输入被引作者的姓名来进行检索，可参考被引作者索引（Cited Author Index）。检索时姓前名后，名用缩写，也可使用逻辑运算符。检索结果显示的为简单记录格式，包括论文被引频次、被引作者、被引期刊、年代、卷、起始页码。如为图书则只有被引频次、被引作者、被引期刊和出版年代。如为专利则只有被引频次、被引作者、被引专利号和专利授权国家。点击被引频次隐含链接，可获得所有引用该论文的来源文献。

也可用期刊名或图书名称进行检索，输入专利号可查专利的被引用情况。被检索的期刊名或图书名要求用缩略语，可参考被引著作索引（Cited Work Index）或 ISI 期刊简称一览表。其操作如图 3-2-71 所示。

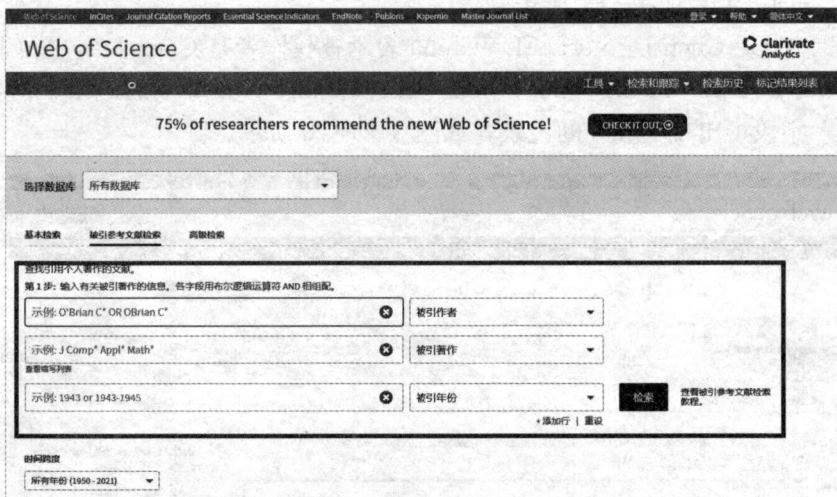

图 3-2-71　Web of Science 被引参考文献检索界面

四、会议论文检索工具

会议文献是指在国内外的科学技术学会、协会及有关主管部门召开的学术会议或专业会议上提交、宣读、讨论或交流等形式形成的一系列资料及出版物的总称，包括会议论文、会议决议、会议报告、讨论记录等。

（一）中国学术会议文献数据库

1. 数据库简介

中国学术会议文献数据库（China Conference Proceedings Database，CCPD）的会议资源包括中文会议和外文会议。中文会议收录始于 1982 年，年收集约 3000 个重要学术会议，年增 20 万篇论文，每月更新。外文会议主要来源于 NSTL 外文文献数据库，收录了 1985 年以来世界各主要学协会、出版机构出版的学术会议论文共计 766 万篇全文（部分文献有少量回溯），每年增加论文约 20 余万篇，每月更新。

2. 检索方式

中国学术会议文献数据库检索方式包括一框式检索、高级检索、专业检索、作者发文检索，见图 3-2-72 和图 3-2-73。限定字段有题名、关键词、摘要、作者、作者单位、会议名称、主办单位。会议检索的操作方法和期刊检索操作方法类似，在此不再做讨论。

图 3-2-72 中国学术会议文献数据库检索界面

图 3-2-73 中国学术会议文献数据库高级检索界面

(二) 中国知网会议论文库

1. 数据库简介

中国知网会议论文数据库重点收录 1999 年以来，中国科协系统和国家二级以上的学会、协会，高校、科研院所，政府机关举办的重要会议以及在国内召开的国际会议上发表的文献，部分重点会议文献回溯至 1953 年。截至 2020 年底，已收录国内会议、国际会议论文集 3 万余本，累计文献总量 330 余万篇。

2. 检索方式

会议文献数据库检索方式包括一框式检索、高级检索、专业检索、作者发文检索、句子检索，见图 3-2-74 和图 3-2-75。限定字段有主题、篇名、关键词、摘要、作者、单位、会议名称、主办单位等。会议检索的操作方法可以参照前面中国知网期刊检索操作方法。

图 3-2-74 中国知网会议论文库检索界面

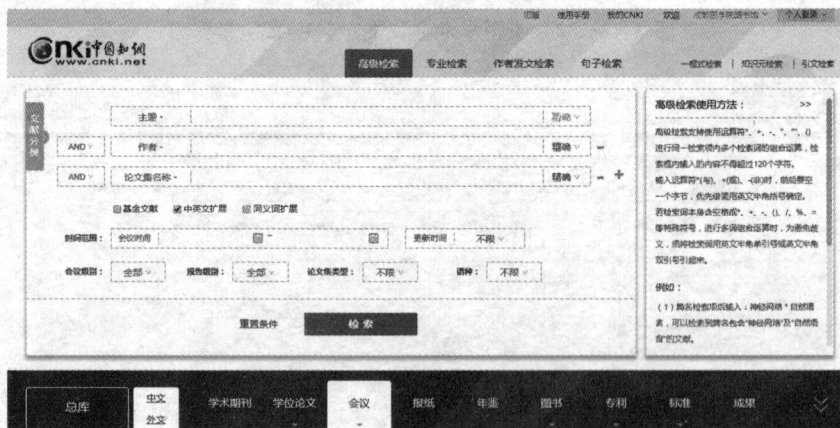

图 3-2-75 中国知网会议论文库高级检索界面

（三）外文会议文献检索

1. 数据库简介

较为著名并得到国内学界认可的外文会议数据库是科学技术会议记录引文索引（Conference Proceedings Citation Index－Science，CPCI－S）和社会科学与人文会议记录引文索引（Conference Proceedings Citation Index－Social Science & Humanities，CPCI－SSH）。这两大会议数据库曾用名 ISI Proceedings ISTP & ISSHP。2008 年由汤森路透集团将其更名为现在的 CPCI－S 和 CPCI－SSH。两大会议数据库收录 1990 年以来超过 6 万次会议的约 410 万条记录，每年收录会议多达 1200 次，每年新增 20 万余条记录，数据每周更新，是查找国外会议文献的常用数据库之一。

2. 数据库特点

CPCI－S 和 CPCI－SSH 被整合到 Web of Science 平台中，与世界著名的 3 大引文索引 SCIE、SSCI、A&HCI 集成在同一平台，其收录的论文水准较高。

CPCI－S 和 CPCI－SSH 的资源涉及自然科学与技术、社会科学及人文科学领域。对心理学、公共健康、管理学、经济学、艺术、历史、文学与哲学等学科也有收录，其收录的学科范围较广。

CPCI－S 和 CPCI－SSH 所收录的会议类型丰富。会议文献包括专题学术讨论会、座谈会等，其数据库内容的 66% 是以图书形式出版的会议录或丛书，还有期刊形式。

CPCI－S 和 CPCI－SSH 是集会议查询、管理、分析与评价等多功能为一体的大型数据库平台，可以进行深度分析与评价、预测和个人文献管理。

3. 检索方式

CPCI 数据库检索方式和 WOS 平台上的数据库检索方式相似。首先进入 WOS 数据库平台主页面，如图 3－2－76 所示。然后在选择数据库栏选择 Web of Science 核心合集，在更多设置中勾选 CPCI－S 或 CPCI－SSH。

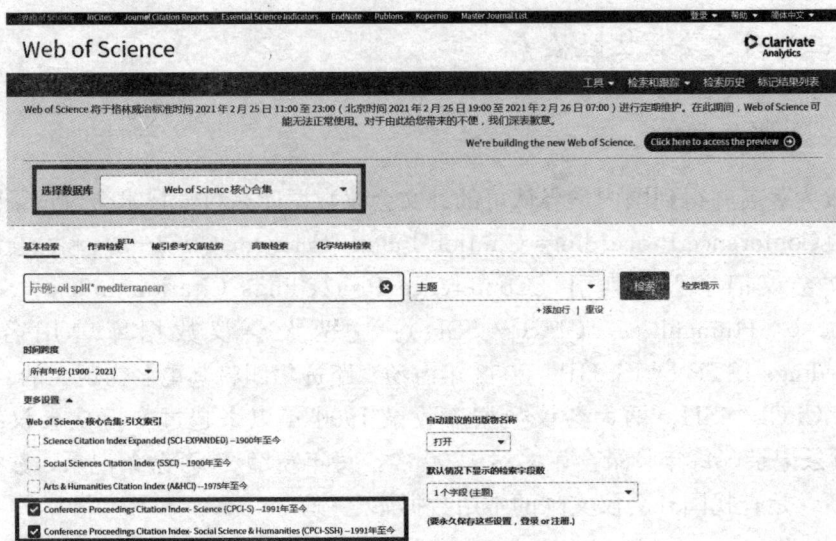

图 3-2-76 中国知网会议论文库高级检索界面

CPCI 提供有基本检索、作者检索、被引参考文献检索、高级检索以及化学结构检索等检索方式。CPCI 的检索方法可以参考 Web of Science 的检索操作方法。

五、专利文献检索工具

(一) 专利概述

1. 专利概念

专利（Patent），是专利权的简称。它是指国家以法律形式授予专利申请人在规定时间内对其发明创造享有的专业权。

专利包括三个方面的含义：一是专利权，即专利权人在法律规定的有效期内对其发明成果享有的独占权或垄断权；二是受专利法保护的发明创造；三是记载发明的技术内容及其相关法律事项的专利文献。

专利是一种无形财产，具有专业性、地域性和时间性的特点。专利法规定，在一段时间内未经专利权人许可，任何单位和个人不得实施其专利。

2. 专利的种类

按照专利法和实施细则的规定，世界上各国专利根据被保护的发明创造的实质内容分为发明专利、实用新型专利和外观设计专利。发明专利是指对产品、方法或者其改进所提出的新的技术方案，实用新型专利是指对产品的形状、构造或其结合所产生的实用价值大的新技术方案，外观设计专利是指对产品的形状、图案、色彩或其结合所做出的富有美感并适于工业应用的新设计。

3. 授予专利权的条件

每一次发明要成为专利，必须具备以下"三性"：

（1）新颖性：各国对新颖性要求各有不同，我国是指申请专利的发明者申请之前，未在世界范围内被公开发表和在本国未被公众所知所用。

（2）创造性：指与申请日以前已有的技术相比，该发明有突出的实质性特点和显著的进步。

（3）实用性：一般指发明能制造或使用，并能产生积极的效果。

（二）专利文献概述

1. 专利文献的概念及特点

专利文献是指各国专利局以及国际性专利组织，在审批专利过程中产生的官方文件及其出版物的总称。专利文献有广义和狭义之分。狭义的专利文献是指专利局公布的专利说明书和权力要求书；广义的专利文献包括各种和专利有关的文献，如专利公报、专利文摘、专利索引等。与其他科技文献相比，专利文献具有内容新颖、报道迅速、数量庞大、著录规范等特点。

2. 专利文献的检索途径

（1）编号途径：主要通过申请号、专利号检索特定的专利。

（2）名称途径：主要通过发明人、专利权人的名称查找特定的专利。

（3）主题途径：主要通过选取关键词查找相关技术主题的专利。

（4）分类号途径：通过所查技术主题的国际专利分类号来查找专利。国际专利分类主要依据是国际专利分类表（International Patent Classification，IPC）。

3. IPC

国际专利分类表是根据 1971 年签订的《国际专利分类斯特拉斯堡协定》编制的，是目前唯一国际通用的专利文献分类和检索工具。目前已有 70 多个国家和组织采用这种分类法。现使用标准为 2015 年版。

IPC 采用等级结构，把整个技术领域按部、大类、小类、大组、小组分 5 级进行分类。

（1）部（Section）：它是分类系统的一级类目，共分为 8 个部，每个部都有部名及部号，用字母 A~H 表示。每个部又包含若干个分部，8 个部共包含 20 个分部。分部仅有分部名。

（2）大类（Class）：每个大类都有类名和类号，大类号由部类号加两位阿拉伯数字组成。例如，A61 表示医学或兽医学、卫生学。

（3）小类（Sub-Class）：每个小类都有类名和类号，小类号由大类号加上一个大写英文字母组成。例如：A61B 表示诊断、外科、鉴定（分析生物材料入 G01N，如 G01N33/48）。

（4）大组（Group）：大组号由小类号加上一个 1~3 位阿拉伯数字及"/00"组成。例如：A61B1/00 表示用目视或照相检查人体的腔或管的仪器，如内窥镜。

（5）小组（Sub-Group）：小组号由小类号加上 1~3 位阿拉伯数字后加上一斜线"/"，斜线之后再加上 2~4 位阿拉伯数字（/00 除外）组成。例如：A61B 1/005 表示可弯曲的内窥镜。

一个完整的 IPC 分类号是由部、大类、小类、大组、小组 5 个等级的符号依次组成。例如，可弯曲的内窥镜的 IPC 号如下所示：

部　　A 人类生活需要
大类　A61 医学或兽医学、卫生学
小类　A61B 诊断、外科、鉴定
大组　A61B1/00 用目视或照相检查人体的腔或管的仪器
小组　A61B1/005 可弯曲的内窥镜

（三）国外专利文献检索

1. 国外专利手工检索

德温特世界专利索引（Derwent World Patents Index ©，DWPI^{SM}）是汤森路透知识产权与科技事业部的旗舰数据库。DWPI 因其提供高附加值的专利信息，而成为业界公认之翘楚。德温特出版公司是专门从事专利文献报道的私营出版公司，创刊时仅出版《英国专利文摘》，20 世纪 70 年代开始以题录形式全面报道十多个国家和两个国际组织（欧洲专利公约和国际专利使用条约）的专利文献。目前，德温特出版公司专利文献的报道范围已扩展到 30 多个国家、两个专利组织及英国《研究公开》和美国《国际技术公开》两种刊物上的专利，形成一套世界性专利检索刊物，即《世界专利索引》。《世界专利索引》现以缩微、光盘、数据库等形式出版发行。

DWPI 目录周报印刷版于 1999 年停办。文摘周报每周出版一期，2000 年分 P、Q、EPI、CPI 四个分册。2000 年后，此四个分册均更名为 *Derwent Alerting Abstracts Bulletin*。各分册中专利文摘正文第编排顺序一样，均以德温特分类号顺序编排，同一类下按专利的国别代码排序，同一国按专利号大小排序。

每期文摘正文后都有下列三种索引：

（1）专利权人索引（Patentee Index）。著录项目是专利权人代码和专利权人名称（多为公司或单位名称，少数是个人名称）。

（2）登录号索引（Accession Number Index）。著录项目是入藏号、德温特分册号、同族专利号、专利登载的年和周号。按入藏号顺序编排。由于德温特公司把同族专利编为同一入藏号，所以该索引可集中反映同族专利。通过它检索者就可以检索到同一专利的所有文献。同族专利，是指同一专利的不同表现形式，包括基本专利、补充或修订的专利以及在不同国家申请的专利（即相同专利）。

（3）专利号索引（Patent Number Index）。按专利号顺序编排，著录项目有专利号、入藏号和专利权人代码。

2. 国外专利网络检索

（1）世界知识产权组织电子图书馆（http://www.wipo.int）。

其是由世界知识产权组织（World International Property Organization, WIPO）国际局建立的知识产权电子图书馆，提供世界各国专利数据库检索服务，包括：PCT 国际专利数据库、中国专利英文数据库、美国专利数据库、加拿大专利数据库、欧洲专利数据库等。其中部分数据库的检索是免费的，部分数据库是限制检索的，同时还提供了 30 多个超链接，涉及内容有有关国际知识工业产权保护、专利合作协定、WIPO 出版物、会议、新闻发布等。

（2）美国专利商标局网站专利数据库（http://www.uspto.gov）。

美国专利商标局网站由美国专利和商标局提供，内容包括授权专利数据库和申请数据库。授权专利数据库收录了 1790 年 7 月 31 日至今的美国专利，申请专利数据库对 2000 年 11 月 9 日起递交的专利申请进行公开，从 2001 年 3 月 15 日开始正式出版专利申请说明书。

数据库每周更新一次。数据库提供 1790 年至今的全文图像说明书及 1976 年至今的全文文本说明书。数据库提供三种检索途径：快速检索（Quick search）、高级检索（Advanced search）、号码检索（Number search）。该数据库 1790—1976 年的专利只能从专利号、美国专利分类号进行检索。

（3）欧洲专利局 esp@cenet 网络数据库。

为了促进专利信息的利用，拓宽已有的专利文献传播渠道，欧洲专利局、欧洲专利组织成员国及欧洲委员会合作开发了名为 esp@cenet 的一项新服务，这项服务可通过网络获取。

该网络除在欧洲专利局设立服务器，还在每个欧洲专利组织成员国设立服务器。进入 esp@cenet 有以下方式：

①通过欧洲专利局网页 http://ep. espacenet. com 进入 esp@cenet 可检索欧洲专利、世界知识产权组织专利、日本专利英文文摘数据库及世界范围的专利文献，支持语种为英语、德语、法语。

② 通过欧洲专利组织成员国的网页进入 esp@cenet，可检索所有成员国的专利文献（近 2 年内）、欧洲专利、世界知识产权组织专利、日本专利英文文摘数据库及世界范围的专利文献。

③ 通过欧洲委员会网页 http://ec. espacenet. com/espacenet 进入 esp@cenet，可检索欧洲专利、世界知识产权组织专利、日本专利英文文摘数据库及世界范围的专利文献，支持语种为英语、德语、法语。

（4）日本特许厅网站专利数据库（http://www. jpo. go. jp）。

日本特许厅网站专利数据库，是把原日本工业产权资料馆等公众阅览室里的文献，通过网络和检索系统无偿地向读者提供，旨在使更多的读者能便捷、高效地得到日本专利、商标及其他文献。

可在日文界面上检索日本专利文献及浏览全文说明书，该网页提供的有 8 类，分别是发明与实用新型、外观设计、商标、外国专利、复审、法律状态、其他文献、文献范围。

（四）国内专利文献检索

1. 国内专利手工检索

中国专利检索工具分为专利公报、文摘、索引 3 种。

（1）专利公报。

中国专利局从 1985 年 9 月 10 日起，陆续出版发行《发明专利公报》《实用新型专利公报》《外观设计专利公报》几个分册，分别公布各类型专利申请、审查和授权有关的内容、事项和决定。现主要介绍《发明专利公报》和《实用新型专利公报》。

①《发明专利公报》是专利公报中最主要的一种，报道发明专利申请、授权等有关事项。内容包括发明专利申请公开、发明专利权授予、发明保密专利、发明专利事务、申请公开索引、授权公告索引等。

②《实用新型专利公报》包括实用新型专利权授予、实用新型专利事务和授权公告索引。

实用新型专利权授予是指实用新型专利申请人根据专利局的授予专利权通知和办理登记手续通知，按时缴纳专利登记费和其他有关费用后，则该专利申请进入授权公告准备，并予以公告。实用新型专利权授予公告的内容包括著录事项、摘要和摘要附图。著录事项主要包括国际专利分类号、专利号、授权公告号（出版号）、申请日、授权公告日、优先权事项、专利权人事项、设计人事项、专利代理事项、实用新型名称等。

实用新型专利事务公布是专利局对实用新型专利申请和实用新型专利作出的决定和通知，包括：专利权的全部（或部分）无效宣告，专利权的终止，专利权的主动放弃，专利权的恢复，专利申请权、专利权的转移，专利实施的强制许可，专利实施许可合同的备案，专利权的质押、保全及解除，专利权人的姓名或者名称、地址等著录事项的变更，地址不明的通知，专利局的更正，其他有关事项等。

（2）文摘。

中国专利局出版有《中国发明实用新型专利年底分类文摘》，相当于专利公报有关部分的年底累积本。文摘按 IPC 分类体系中的 8 个部（大类）（A～H）分别编辑出版，各部又分为若干分册。文摘按 IPC 分类体系排列，各部均包括文摘正文和索引两部分。文摘正文及索引的格式与专利公报中基本相同。

（3）索引。

中国专利局还出版有《中国专利索引》，包括两个分册，即《分类年度索引》（第一分册）和《申请人、专利权人年度索引》（第二分册）。1986 年创刊，原为年刊，1993 年起改为半年刊。

该索引的著录项目包括 IPC 分类号、公开号（授权公告号、专利号）、申请号、申请人（专利权人）、发明名称或实用新型名称、外观设计产品名称及登载该专利申请的专利公报的卷、期号等。

2. 国内专利网络检索

（1）中国国家知识产权局政务服务平台（http：//www.cnipa.gov.cn）。

中国国家知识产权局政务服务平台由中华人民共和国国家知识产权局、中国专利信息中心创建维护，通过该系统可免费检索自 1985 年我国颁布专利法以来公布的所有专利文摘。其检索入口、检索界面分别如图 3－2－77、图 3－2－78所示。

图 3－2－77　中华人民共和国知识产权局专利检索入口

图 3－2－78　中华人民共和国知识产权局专利检索界面

（2）中国专利信息网（http://www.patent.com.cn）。

中国专利信息网创建于 1998 年 5 月，它集专利检索、专利知识、专利法律法规、项目推广、高技术传播、广告服务等功能为一体。该信息网是我国第一个全方位提供专利信息检索与专利技术及产品信息服务的专利网站。其中"中国专利数据库"集中了我国自 1985 年实施专利制度以来的全部发明专利和实用新型专利，记录内容包括专利的完整题录信息和文摘，提供逻辑组配检索、简单检索和菜单检索 3 种方式。

（3）中国知识产权网（http://www.cnipr.com）。

中国知识产权网由中华人民共和国国家知识产权局知识产权出版社主办，提供中国专利、中国商标、中国版权等知识产权信息和服务。该网的专利检索系统收录了 1985 年以来公布的全部中国专利信息以及 1970 年以来瑞士、德国、英国、法国、美国、日本、欧洲专利局和世界知识产权组织的专利信息。专利检索栏目分为基本检索和高级检索。与其他中文专利检索系统比较，该系统有二次检索、限制检索、同义词检索，并可保存检索表达式的功能。

中国知识产权网专利检索系统可免费浏览、下载中国专利公开时段著录项目、摘要、主权项和授权时段著录项目、摘要、主权项、引证文献以及国外专利的著录项目、摘要和附图，获取全文需缴纳一定费用。

（4）中国知网 CNKI 中国专利数据库。

该库提供中国专利数据库检索，分为免费服务和收费服务。免费服务仅提供"中国专利题录库"浏览，收费服务提供"中国专利文摘"和"中国专利说明书全文"服务。收录 1985 年以来的专利文献，专利类型为发明专利和实用新型专利。系统提供了 16 个检索入口，检索方法和 CNKI 的其他数据库相同。

（5）万方数据库资源系统专利技术数据库。

该数据库收录了我国从 1985 年至今受理的全部发明专利、实用新型专利、外观设计专利的数据信息。系统提供 25 个检索入口，检索方法和万方其他数据库基本相同。

六、学位论文检索工具

（一）概述

根据所申请的学位不同，学位论文一般可分为学士论文、硕士论文、博士论文三种。学位论文一般是在导师的指导下完成从选题到答辩全过程，选题一般比较新颖，理论性、系统性较强，论文阐述详细，具有较强逻辑性，研究深度也随着学位级别的升高而增加。学位论文一般具有严格的格式规范，是学术论文的一种重要形式，也是重要文献信息源。学位论文多数不会公开出版，通常作为内部资料收藏在各学位授予单位或者指定的学位论文收藏地点，因此学位论文的查找与利用要相对困难一些。但是随着互联网的普及以及信息技术的发展，学位论文的利用受到世界各国的广泛重视，开发专业的学位论文数据库管理平台为学位论文的检索与利用提供便利已成为各大文献资源数据库商积极发展的方向，很多高校与科研单位也积极建设内部学位论文数据库。这对于信息用户，特别是对于学位论文信息需求明确的用户来说，能够快速全面获取国内外相关深度研究新进展具有非常积极的意义。下面主要介绍一下国内外学位论文检索与利用途径。

（二）国内学位论文信息资源检索

国内学位论文主要由学位授予单位收藏，一般用户可以通过联系学位授予单位图书馆获得具体的全文收藏地址，查阅学位论文全文；也有一些单位自建学位论文数据库，便于学位论文资源的保管与利用，如中科院学位论文数据库、北京协和医学院博硕学位论文库等。

中科院学位论文数据库（http://sciencechina.cn/paper/search_pap.jsp）收录了1980年以来中国科学院的硕士、博士学位论文和博士后出站报告，目前免费提供文摘，大部分论文还提供电子版前16页，相应的学位论文印本收藏于中国科学院文献情报中心五层阅览区。

北京协和医学院博硕学位论文库收录1981年以来协和医学院培养的博士、硕士研究生学位论文，学科范围涉及医学、药学及相关专业领域，内容前沿、丰富，可以在线浏览全文。该数据库每季度进行更新。

国内学位论文除了学位授予单位收藏外，中国科学技术信息研究所、中国国家图书馆等也会按照相关规定收藏相关的学位论文，如需获取学位论文的原文或者复制品时，可以向这些收藏单位索取。

中国科学技术信息研究所1963年开始收藏国内学位论文，是我国自然科学领域硕士以上学位论文法定收藏单位，累计收藏学位论文114万余册，可以通过其数据库平台（http://www.istic.ac.cn/suoguan/XueWei.htm?lan=chn）获得学位论文题录以及文摘信息，可以通过文献传递获得全文。

中国国家图书馆是教育部指定的全国博士论文、博士后研究报告收藏单位，收藏1981年实施学位制度至今的国内博士学位论文，博士论文收藏率达到了98%。近年来，中国国家图书馆在努力丰富其馆藏资源，对国内的一些硕士、博士后论文以及海外华裔留学生在国外撰写的论文也进行了收录。目前中国国家图书馆建设的博士论文数据库（http://mylib. nlc. cn/web/guest/boshilunwen）提供 23 万余册博士论文全文前 24 页的展示浏览。

除了这些收藏单位外，很多专业的学位论文数据库也是取得学论文的便捷途径。

1. 中国知网博士、优秀硕士学位论文全文数据库

中国知网的博士、优秀硕士学位论文全文数据库全文收录 1984 年至今全国 420 多家博士培养单位的博士学位论文和 600 多家硕士培养单位的优秀硕士学位论文，是目前国内资源完备、质量高、连续动态更新的中国学位论文全文数据库。该数据库产品分为十大专辑：基础科学、工程科技Ⅰ、工程科技Ⅱ、农业科技、医药卫生科技、哲学与人文科学、社会科学Ⅰ、社会科学Ⅱ、信息科技、经济与管理科学。十大专辑下分为 168 个专题。该库可免费检索（如图 3-2-79），免费浏览题录、摘要和知网节，下载需要付费。数据库提供的检索字段包括主题、题名、作者、专业、导师、学科专业名称、授予学位单位、出版时间、关键词、优秀论文级别等。

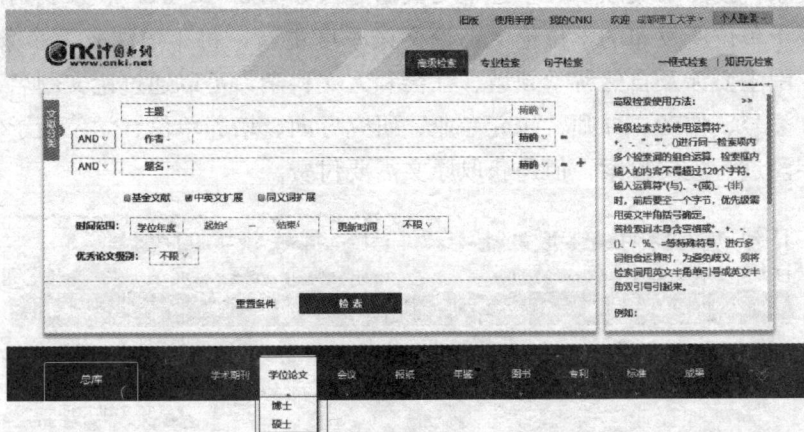

图 3-2-79　中国知网的博硕士学位论文检索界面

2. 中国学位论文全文数据库

中国学位论文全文数据库（如图 3-2-80）是万方数据库知识服务平台的重要产品，该数据库重点收录 1980 年以来的学位论文，并逐年回溯，可以提供 1977 年以来的学位论文全文数据传递服务。该数据库学位论文数据主要通

过和全国 85％以上的研究生学位授予单位合作获得，内容涵盖理学、工业技术、农业科学、医药卫生、人文社科、交通运输、航空航天、环境科学等各学科领域，是我国收录最多的学位论文全文数据库。数据库提供的检索字段有论文标题、作者、关键词、专业、学校、导师、出版时间等，还可以通过学科分类导航、授予学位进行检索。

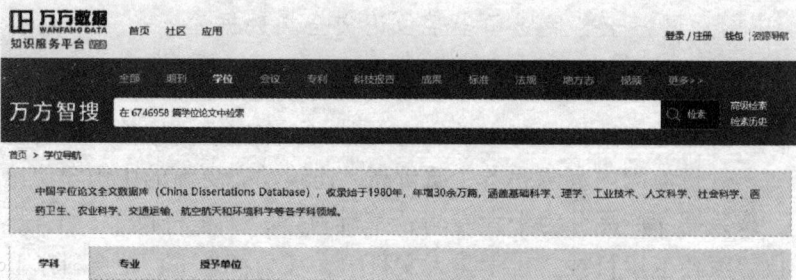

图 3－2－80　中国学位论文全文数据库检索界面

3. 国家科技图书文献中心学位论文数据库

国家科技图书文献中心学位论文数据库（如图 3－2－81）收录我国研究生学位授予单位所发布的学位论文，论文按季度更新，每年增加 6 万余条数据，学科范围主要涉及自然科学领域、社会和人文科学，可以通过论文题名、关键词、分类号、作者、导师、研究专业、研究方向、培养单位、学位授予年、文摘等字段进行免费检索，但是获取原文需要付费。

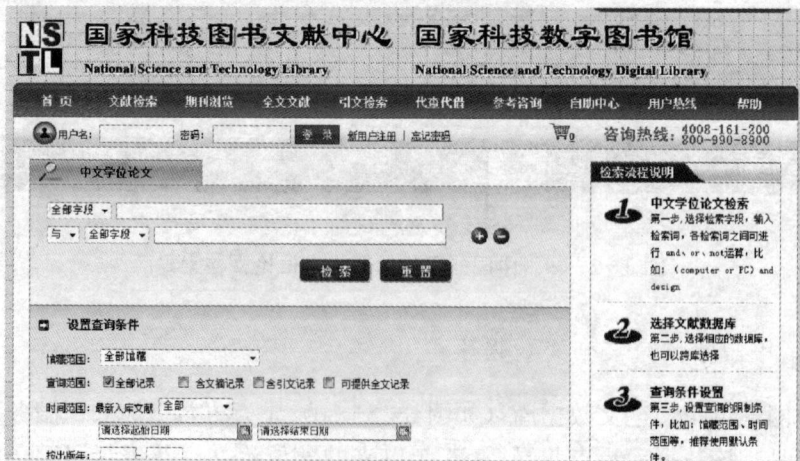

图 3－2－81　国家科技图书文献中心学位论文数据库检索界面

4. CALIS学位论文中心服务系统

中国高等教育文献保障系统（China Academic Library & Information System，CALIS）学位论文中心服务系统（如图3-2-82）面向全国高校师生提供中外文学位论文检索和获取服务。目前该系统收录博硕士学位论文数据逾384万条，其中中文数据约172万条，外文数据约212万条，而且数据持续增长。该系统采用e读搜索引擎，检索功能便捷灵活，提供简单检索和高级检索功能，可进行多字段组配检索，也可从资源类型、检索范围、时间、语种、论文来源等多角度进行限定检索。该系统能够根据用户登录身份显示适合用户的检索结果，检索结果通过多种途径的分类和排序方式进行过滤、聚合与导引，并与其他类型资源关联，方便读者快速定位所需信息。学位论文全文通过CALIS馆际互借系统获取。

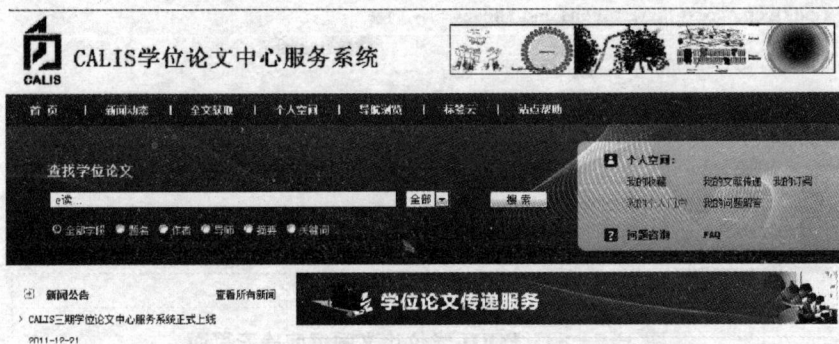

图3-2-82 CALIS学位论文中心服务系统检索界面

（三）国外学位论文信息资源检索

国外学位论文主要由国家图书馆、学位授予单位收藏。欧洲一些国家通常将学位论文复制数百份收藏于国家图书馆，例如加拿大国家图书馆、英国不列颠图书馆等。美国国际大学缩微品公司（University Microfilms Internatlonal，UMI）通过与美国90％的博士学位授予单位保持合作，收藏学位论文并且定期报道所收藏的学位论文的题目和内容摘要，凡属协作关系的单位可以直接从该公司获取学位论文。日本国会图书馆则收藏国立或者公立大学的学位论文，私立大学则由相应的大学图书馆收藏。数据库、网站也是获得国外学位论文的重要途径，下面简单介绍一下国外的学位论文数据库、网站。

1. PQDT 学位论文数据库

PQDT 学位论文数据库（ProQuest Dissertations & Theses，PQDT），见图 3-2-83，收录自 1861 年以来的欧美 1000 余所大学文、理、工、农、医等学科领域 300 多万篇博硕士学位论文，是目前世界上资源最多和使用最为广泛的学位论文文摘数据库。该库每周更新数据，年增长 6 万余篇学位论文，可以通过摘要、作者、题目、指导老师、学科、学校、语种等字段进行基本检索，也可以通过高级检索界面直接输入检索式或者通过检索框输入检索条件组合检索，还可以通过学科分类和论文分类两种方式进行检索。数据库网址为 http://www.pqdtopen.proquest.com/search.html。

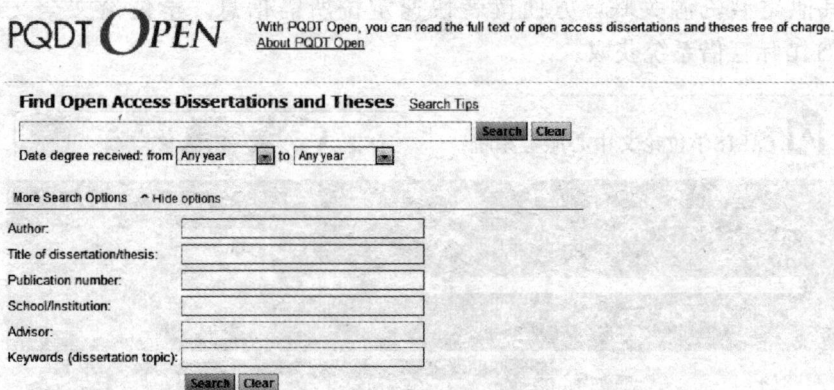

图 3-2-83　PQDT 学位论文数据库检索页面

2. Theses Canada

Theses Canada 是加拿大图书档案馆与加拿大近 70 所大学于 1965 年启动的合作项目，旨在收录和保存参与合作的加拿大高校研究生学院的博硕学位论文和这些高校提供的其他论文资料，并为需要的访问者免费提供电子版本的论文与学位论文。资料可以从加拿大图书档案馆的主页网址 http://ww.bac-lac.gc.ca 中的 "Services and programs" 项目中找到。

3. WorldCat 硕博士论文数据库

WorldCat 硕博士论文数据库中除了 WorldCat 数据库的硕博士论文外，还包括联机计算机图书馆中心及以 OCLC 成员馆编目的论文，涉及所有学科，涵盖所有主题。WorldCat 硕博士论文数据库最突出的特点是其资源均来自世界一流高校的图书馆，如美国的哈佛大学、耶鲁大学、斯坦福大学、麻省理工学院、哥伦比亚大学、杜克大学、西北大学以及欧洲的剑桥大学、牛津大学、帝国理工大学、欧洲工商管理学院、巴黎大学、柏林大学等的图书馆，共有1800多万条记录，其中100多万篇有免费全文链接，可免费下载，是学术研究中十分重要的参考资料。该数据库每天更新。数据库网址为 http://www.global. oclc. org/firstsearch/databases/index. htm。

4. Australian Digital Theses Program

澳洲数字论文计划，由澳洲大学图书馆员协会发起，包含澳洲40余所大学的11.5万多篇硕博论文，涵盖各个学科，部分学位论文可以免费提供全文。其网址为 http://www. caul. edu. au/。

参考文献：

[1] 罗爱静，于双成. 医学文献信息检索 ［M］. 北京：人民卫生出版社，2015.

[2] 王虹菲，方立. 医学信息检索 ［M］. 天津：天津大学出版社，2011.

[3] 董建成. 医学信息检索教程 ［M］. 南京：东南大学出版社，2009.

[4] 何怡，刘毅. 医学信息检索实用教程 ［M］. 天津：天津科学技术出版社，2009.

[5] 李勇文. 医学信息查询与利用 ［M］. 成都：四川大学出版社，2017.

[6] 方平. 医学文献检索实用指南 ［M］. 北京：人民卫生出版社，2002.

[7] 郭继军. 医学文献检索 ［M］. 3 版. 北京：人民卫生出版社，2009.

[8] 杨克虎. 医学信息检索 ［M］. 北京：人民卫生出版社，2005.

[9] 周毅华. 现代医学信息检索与利用 ［M］. 南京：东南大学出版社，2002.

[10] 代涛. 医学信息检索与利用 ［M］. 北京：人民卫生出版社，2010.

[11] 顾萍，夏旭. 医学信息获取与管理 ［M］. 广州：华南理工大学出版社，2012.

[12] 赵玉虹. 医学文献检索 ［M］. 2 版. 北京：人民卫生出版社，2013.

[13] 李晓玲，符礼平. 医学信息检索与利用 ［M］. 上海：复旦大学出版社，2014.

[14] 刘桂锋. 医学信息检索与利用 ［M］. 镇江：江苏大学出版社，2015.

[15] 陈小蓉. 高校图书馆特色数据库建设的知识产权风险问题探析 ［J］. 农业图书情报学刊，2014，26（3）：24－26.

［16］刘纪刚. 高校图书馆自建特色数据库的著作权分析［J］. 图书馆研究与工作，2017（1）：52－57.

［17］曹志梅. 高校图书馆自建特色数据库合理规避侵权风险策略［J］. 情报探索，2016（3）：59－61.

［18］辛力春. 浅谈特色数据库建设中的版权问题及制度保障——以北京农业职业学院学术文库为例［J］. 北京农业职业学院学报，2017，31（6）：73－78.

［19］吴高，韦楠华. 特色数据库著作权侵权风险及对策研究［J］. 图书馆，2014（2）：118－120.

［20］王小会. 从图书馆联盟到协同创新服务体系——海南省高校图书馆资源共享建设历史路径［J］. 新教育，2015（23）：39－40.

［21］张葱竹，任可心. 高校图书馆特色数据库共享问题［J］. 文教资料，2019（1）：79－80.

［22］曾华明. 普通高校图书馆特色资源共享数据库建设探讨［J］. 图书情报，2018（8）：74－75.

［23］朱浩. 试论公共图书馆数字资源建设与共享［J］. 卷宗，2014（9）：30－30.

［24］王海波. 高校特色数据库建设及可持续发展问题研究［J］. 科技风，2016（23）：181－182.

［25］高兆云. 产业特色数据库持续建设实践与思考［J］. 图书情报工作，2016，60（7）：83－87.

［26］盛小平，杨智勇. 开放科学、开放共享、开放数据三者关系解析［J］. 图书情报工作，2019，63（17）：15－22.

［27］刘桂锋，钱锦琳，田丽丽. 开放科学：概念辨析、体系解析与理念探析［J］. 图书馆论坛，2018，38（11）：1－9.

［28］李慧芳. 大数据时代高校图书馆开放科学数据服务［J］. 中国中医药图书情报杂志，2015，39（2）：24－27.

［29］于永丽. 开放科学环境下高校图书馆科研支持服务模式研究［J］. 图书馆学刊，2019，41（8）：87－91＋101.

［30］赵安琪，付少雄，冯亚飞. 国外健康科学数据管理实践及启示［J］. 图书情报知识，2020（1）：105－114.

［31］孙仙阁，弓箭. 开放科学视域下高校图书馆科研数据治理研究［J］. 图书馆学刊，2017，39（9）：25－28.

［32］任萍萍. 开放科学驱动下研究型图书馆的角色定位［J］. 图书与情报，2020（2）：94－102.

［33］刘静羽，章岑，孙雯熙等. 开放科学中的知识产权问题分析［J］. 农业图书情报学报，2020，32（12）：59－69.

［34］叶冠成，江雯欣，代逸丹，等. "开放科学"发展中的伦理问题探究——基于医学开放科学领域的分析［J］. 医学与哲学，2019，40（15）：32－36.

［35］赵安琪，付少雄，冯亚飞. 国外健康科学数据管理实践及启示［J］. 图书情报知识，2020（1）：105－114.

［36］何建芳. 基于长尾理论的馆藏资源利用研究［J］. 图书馆论坛，2010，30（2）：112－114.

［37］张红萍. 基于长尾理论的文献资源建设和服务［J］. 图书馆理论与实践，2011，（8）：82－83＋87.

［38］唐海军，李非. 长尾理论研究现状综述及展望［J］. 现代管理科学，2009，（3）：40－42.

［39］陈淑平. 二八定律和长尾理论在图书馆事业发展中的共生应用研究［J］. 情报探索，2015（12）：123－126.

［40］蒋谦. 黄金分割率的哲学意蕴［J］. 科学技术与辩证法，1999，16（4）：26－34.

［41］陈锦红. 基于长尾理论的图书馆服务的深化［J］. 情报资料工作，2010，（5）：86－88.

［42］周军兰. 长尾理论与图书馆［J］. 图书情报工作，2007，51（4）：30－33.

第四章 联盟价值共创高校医学图书馆
学科服务案例

第一节 馆读联盟交互式学科服务

一、馆读联盟概述

读者是学科服务的主要对象，现代图书馆更加重视图书馆与读者之间的互联互通。馆读联盟是医学图书馆与读者相互沟通的重要手段，通过图书馆与读者直接的互助共赢，挖掘馆读合作的联盟优势，推动双方共同创造服务价值、资源价值、学术价值，丰富联盟价值共创学科服务的内涵。学科服务视角下的馆读联盟主要体现在信息咨询服务、培训讲座、阅读推广三大方面。

信息咨询服务。嵌入式开展信息咨询服务，拓展与线上线下联络渠道，充分了解读者学科服务需求，点对点、学科对学科、专业对专业三段式开展信息咨询。将读者需求作为学科服务的目标指引，通过与读者的交互式学科服务，不断完善学科服务知识框架，基于读者需求导向完善学科服务内容。

培训讲座。开展医学专业学科服务培训讲座，在讲座中与读者充分交流，提升学科服务水平。安排大型数据库公司进行信息检索培训，通过开展嵌入式讲座、微培训、微服务等信息服务，全面提升读者信息素养，有效提高读者在信息时代的获知能力，同时也能丰富医学图书馆的学科服务手段。

阅读推广。信息素养视角下开展阅读推广活动是增强馆读联盟的特色手段。在阅读推广中与读者进行互相交流沟通，发掘学科服务与阅读推广的契合点。例如开展电子资源推广系列活动、信息检索大赛、学科知识竞赛、学科服务志愿服务等，通过系列活动组织和引导读者了解学科服务工具、思考信息素养内涵、开阔视野、提升能力，促进图书馆更好地把握读者的信息资源需求。

三种类型的馆读联盟可以增进图书馆与读者之间的直接联系，强化读者对学科服务的认识与认同，助力学科服务成为联系图书馆与读者之间的重要纽带。

二、多维度医学信息咨询服务

（一）高校图书馆信息咨询服务概述

信息咨询服务历来都是医学高校图书馆的重要服务内容之一，服务对象大多为本校师生、科研人员以及附属医院的医护人员和科研人员，整体针对性较强，即以教育和科研为核心。随着信息时代的到来，医学高等教育的进一步深化，读者用户日益注重图书馆咨询服务的服务质量，传统的学科服务平台由于登录界面过时、操作流程烦琐等缺点逐渐被淘汰，用户更愿意选择诸如 QQ、微信等"微咨询"服务。此外，信息咨询也从一对一的方式向一对多、多对多的方式转变，以学科为单元的个性化咨询服务将占主导。值得注意的是，不少商业信息机构也将开拓市场的目光投向了高校，他们利用自身电子资源的优势为终端用户提供交叉服务，在一定程度上给高校图书馆的信息咨询服务业务带来挑战。

但是，医学高校图书馆作为服务学校及附属医院教研团队的信息中心仍然不可替代。近些年，许多高校为了学校的整体发展，教辅岗位的工作人员的招聘要求逐年增高，使高学历学科馆员比例逐年增大，从而为打造一支高素质的专业团队奠定了基础。医学专业的学科馆员能够独立承担信息素养课程，在为用户提供信息咨询服务时，能充分了解各种文献内容，在较短时间内完成文献信息的精准收集、加工、整理和发送，建立起专业文献信息与师生之间的桥梁和纽带。学科馆员应积极利用专业优势，为更多读者提供更加便捷优质的信息服务。

（二）深化新时代的信息咨询服务

1. 个性化

随着高校图书馆咨询服务的用户不断增加，学科馆员应对不同类型读者区别对待。

对大学生新生的咨询服务重点应放在新生入馆教育上，包括图书馆的基本概况、部门设置、馆藏布局、图书借还流程、规章制度等，使他们对图书馆有整体的概念认识，提高新生读者入馆意愿。

对于高年级的学生读者，应在讲授文献检索课的基础上，适时地为他们解答各类数据库使用方法、工具书的查找等技能方面的疑问，使医学生能够理论与实践相结合，将信息检索的方法运用到专业课程的学习中，增强信息意识，提高信息应用能力，为其步入社会后继续学习深造打下坚实的基础。同时也可以让这些高年级学生参与到图书馆的信息服务工作中来，让他们对低年级学生进行培训讲座、竞赛、座谈沟通等一些较为常规简单的信息咨询工作，充分发挥图书馆的职能，提高学生的信息能力和组织能力。

研究生、教学和科研人员这一层次的读者具有较高的文化素质和外语水平，对于此类读者的服务不能仅停留在日常的读者服务需求层次上，还需要科研支持、文献资源深层次整理加工等高层次支持。对他们的咨询服务应着重放在专题性的信息服务、研究课题的开题、项目查新、论文收录查询等跟踪或定题服务上，提供评述性或解决问题的方法性文献。同时学科馆员可以发挥专业优势，将信息咨询服务与重点项目接轨，与这些课题组开展咨询合作，为各种类型的用户建立个性化档案，发展追踪任务，即对一些长远的研究项目或科学发展前沿进行综合性分析，不仅要充分利用现有的信息知识进行咨询，还要主动发掘信息资源，实时整合国内外的医学电子资源，基于获取到的高水准资源提出有益于其发展的研究报告、综述等，把最新信息送往他们的手中，实现全程一体化服务。

2. 高端化

"双一流"背景下，无论是建设世界一流大学还是世界一流学科，医学高校对图书馆的信息服务与决策咨询的需求呈现出高端化趋势，图书馆可以利用各种方法和工具进行数据内容挖掘，对本校或本校的特色/重点学科与其他地方同等院校及其对应学科的年度科研产出进行比较，完成科研影响力分析报告制作，从而为学校的决策提供相关数据支持，也可以为科技处统计成果、人事处发放奖励和引进人才等提供客观依据，并为本校学科发展过程中潜在的未知问题提供分析数据。当前各高校图书馆多采用基于 Web of Science 数据库的 ESI（Essential Science Indicators）学科分析数据库评价高校、学术机构、国家/地区国际学术水平及影响力，国内教育主管部门也把 ESI 作为评价高校学科发展的指标之一。医学作为自然科学发展最为迅速的学科之一，医学高校图书馆应充分利用 ESI、InCites 等工具分析研究本校及其同等院校的优势学科现状、发展态势及潜力值估算，为学科发展战略规划提供情报支撑，从而充分发挥图书馆的学术中心作用。

3. 特色化

高校是开展科研活动最为密集的场所之一，也是产生大量的科研成果的核心地。这些科研产出是具有高校本土特色的重要学术资源，将这些特色资源与本馆珍藏进行统一化的数字管理，形成具有专题学科特色的学术交流平台及资料库，并为用户提供便捷的再利用平台，有助于进一步促进高校重点学科建设，增加图书馆共享信息资源，最大限度地挖掘信息资源的潜力，充分发挥图书馆特有的信息咨询服务价值，从而有效地增强图书馆的竞争力。

4. 社会化

信息时代的到来要求高校图书馆必须不断扩展服务对象、服务范围和服务内容。以医学院校为例，随着学生毕业离开校园，他们中的大多数人投身于基层工作，信息环境的变化造成了资源困境，主要表现在不断增长的信息需求与资源匮乏现状之间的矛盾。因此也迫切希望母校图书馆能够有面向社会用户的相关信息咨询服务。高校图书馆甚至可以为企业、政府提供部分有偿的信息咨询服务，使信息服务由公益事业向产业化转变。逐渐丰富信息服务功能，提高馆藏资源利用率，加速信息传播，加快数据库建设等手段也是高校图书馆必然的发展措施。为解答用户的各种咨询问题，各高校图书馆之间应建立信息共享的合作模式，例如，由资历深、影响力大的高校牵头成立区域性文献信息联盟，在明确成员馆的权利和义务的基础上，实现区域内的信息资源的高度共享，通过互联、跨领域馆际合作等方式为用户提供更全面可靠的选择，满足用户的个性化信息需求。

三、读者培训

（一）高校图书馆读者培训工作

随着数字化时代的到来，针对数字资源的读者培训是引领读者熟悉并利用数字资源的重要途径，也是高校图书馆学科服务工作的重要组成部分。为了提高培训讲座的上座率，避免人力物力的浪费，图书馆必须根据读者的需求提供个性化、多模式的主题培训，将传统线下培训与新兴线上讲座有机结合起来，发挥大数据资源优势与平台优势，充分利用微媒体开展微培训、微讲座。针对读者较关注的某一个重点领域和知识点，充分利用课余零散时间，以读者喜爱的方式进行专题培训，从而提升信息素养教育效能。

1. 本科生：开拓第二课堂

目前几乎全国医学院校都开设了医学文献检索等信息素养课程，只是在教学时间和具体讲授内容上各有不同。对于医学本科生来说，专业课程学习任务较重，且要兼顾科研及课余社团活动等，因此对医学文献检索等非专业课程重视程度往往不够。但是信息素养课程在医学生进行临床和科研实践时，会显现出尤为重要的作用。因此开展课程实践时，授课教师应重点把握学生的专业脉络，将信息素养知识与学生的学科案例结合，使学生能够通过信息素养课程深化专业课程学习，有效打开医学生的信息素养视野，助推第二课堂建设。除此以外，图书馆定期开展的读书节、知识竞赛等文化活动也会邀请一些知名数据商来馆，为学生提供他们感兴趣的、实用性强的讲座培训，高校图书馆开设培训讲座可以成为医学生拓展知识的第二课堂和教育渠道。

2. 研究生和科研人员：预约讲座

高校科研人员及研究生具有一定的信息素养基础，在文献检索课的学习过程中较本科生的积极性更高。然而他们在开展科研探索之初，仍然会遇到一些具体的检索问题，并希望学科馆员能够给予帮助。因此，图书馆有必要开展预约式培训服务，即读者根据自身信息需求通过 QQ、微信等新媒体渠道向图书馆"定制"专题讲座，这种定制服务将读者培训与嵌入式学科服务有效地融合到了一起。

与本科生的培训讲座相比，面向研究生的培训讲座规模更小，时间安排更灵活，对学科馆员的医学专业背景要求更高。馆员需要对研究生的课题有初步了解，在结合科研实际与本校馆藏资源实际的基础上及时制定出检索方案，并与研究生就该检索方案进行深入探讨与交流，为研究生提供建设性的指导，并在必要的情况下对课题研究内容全程做好保密工作。这种一对一的专题交流是图书馆员帮助研究生提升医学信息素养的有效方式。

附属医院是临床医学快速发展最直观最前沿的阵地，对于高校附属医院的科研人员来说，他们作为医院的医护人员，承担着繁重的日常工作，留给科研创新的时间较少。由于医院缺乏专门的图书馆，或建立起来的图书室缺乏专业的学科服务团队，医学高校图书馆需要对医护人员深层次的信息需求进行挖掘和调研。一方面通过培训讲座拓展图书馆的学科服务范围；另一方面通过走访调研也有助于学科馆员了解医院最新的医学研究进展，从而加强自身专业素质和业务水平，发挥图书馆辅助教学科研的工作职能。

3. 多元化的讲座激励方式

为提高培训效率，扩大培训受益面，学科馆员应结合读者的学习进程及其教学任务特点合理安排培训的时间和培训时长。例如，避开期中和期末考试周、考前准备周，避开学校的其他文体活动时间，以免多种活动同时举行造成读者"分身乏术"。同时主动利用读者的"碎片"时间，将一次 1 小时的培训内容分成多次短小的、碎片化的 15~30 分钟培训，从而提高图书馆服务效率。

在培训信息发布方面，除了传统的海报、宣传册等纸媒推广方式外，图书馆也应借助新媒体宣传方式，通过官方网站、读者 QQ 服务群、官方微信公众号、微博等多途径发布，让更多读者获取讲座信息。对于一些专业性较强的培训，学科馆员应提前分析受众特点与个性化需求，并与相关负责人或联系人保持沟通，使培训信息能直接传达给有需要的师生，这样的协同宣传方式比图书馆单线宣传效果更明显。例如，Web of Science 数据库有助于用户了解前沿学科，跟进专业领域发展动态，该数据库培训的受众主要是承担科研任务的在校师生及科研团队，因此图书馆可以与科技处、研究生处的相关负责人联系，向他们推送讲座信息，邀请相关读者参与培训；同时也可以与课题组负责老师点对点联系，邀请课题组成员参加讲座。而 CK Student 是一个以医学电子书为主的教参数据库，这个培训的受众则主要为医学授课老师和医学本科生，该数据库的培训可以直接与教务处及学生志愿者联系，请他们通知传达给具体师生。除此以外，讲座当天，通过线上方式提醒与小纪念品奖励，让更多的读者了解并感兴趣图书馆的培训信息，从而达到最佳的上座效果。

在培训内容的推广方面，考虑到线下讲座时间无法适应每一位师生尤其是临床医护人员，则可以通过线上方式帮助他们完成自主学习。图书馆可对每场讲座进行现场视频录制或电脑录屏，并将培训视频在讲座结束后上传至官方平台，满足读者足不出户完成培训学习的需求。这种培训方式既节约成本，也可方便读者。

讲座培训结束后，为持续改进培训效果和调研读者需求，学科馆员可以通过现场收集调查问卷、随机访问及微信公众号等渠道获取用户对培训的反馈意见，了解用户的信息需求，从用户的角度改进培训的内容和模式；有条件的情况下，还可以从参与培训的读者中抽取幸运奖，发放培训纪念礼品等，通过趣味方式提高读者参与讲座的积极性。

4. 讲座培训服务展望

在专题培训领域，国内高校图书馆大多以"1小时讲座"或小范围专题讨论会的形式来开展。欧美高校图书馆的培训讲座目前主要侧重于培养用户的数据操作能力，比如科研数据的采集、存储、管理、分析和再利用，以及该过程涉及的数据管理工具、关键技术，从而提升大众的数据素养。近些年国内也有部分高校图书馆开始启动数据素养培训，如中国图书馆学会主办、北京理工大学图书馆承办的"研究数据管理国际研修班"等项目。但总体而言，国内高校图书馆的数据素养教育资源还相对不足，仍需进行大力建设。培训讲座是提升读者用户信息素养的重要手段，基于大数据的高校图书馆信息素养教育要充分发挥大数据优势，以及图书馆的信息优势，对既有的讲座与培训进行创新，优化讲座与培训形式，才能充分发挥图书馆作为学术中心的积极作用。

（二）新生入馆教育与社会读者接待

成都医学院图书馆新生入馆教育活动已经开展了近十年，是图书馆发挥育人职能的重要体现，也为学生入校后能够充分利用图书馆资源，开展自主性学习打下基础。在近十年的新生入馆教育活动中，我们不断完善入馆教育内容，改革入馆教育形式，获得了院系的大力支持，同时基于入馆教育不断进行创新思考，获得了一系列实践经验和成果。

成都医学院新生入馆教育活动的内容主体分为四部分：一是图书馆规章制度解析，二是馆内资源分区与空间功能介绍，三是馆内电子设备体验，四是电子资源及服务内容概述。馆内资源与空间介绍在引导新生跟随参观的过程中完成，便于其了解不同学科书籍的分布，而且也能够亲自体会自习区域、交流区域、多媒体阅览室、研修室等空间布局与功能设计。电子设备体验则侧重以新生为主体，进行馆藏查询机、读报机、电子期刊阅览机、自动借还机、朗读亭等设备的尝试体验，避免入馆教育过程中的枯燥感。电子资源与服务内容介绍安排在流程最后，以概述的形式完成，具体内容制作成"新生入馆指南"，人手一份，方便后续查阅与了解。

"新生入馆指南"作为新生入馆教育的重要纸质宣传资料，每年都会由学科馆员进行内容更新、设计并批量印制发放。在起初的入馆教育活动中，由于参与人数多、馆内不宜大声讲解、不同带队教师讲解内容有偏差等问题，很多新生在接受入馆教育后仍存在对规章制度不清楚，对馆藏布局不明晰，遇到具体问题不知道联系哪位老师的问题，入馆教育活动效果欠佳，因此在2013年的入馆教育中，我们首次印制了新生入馆指南。指南以图画形式详细标注了馆内布局及电子设备使用方式，并附有电子资源列表、各部门职责说明与部门负责人联系方式等，方便新生后续遇到任何问题都可以电话咨询，指南一年更新一次。指南推出后，在入馆教育活动后期调研中反馈较好，很多教师和高年级学生也经常到馆索要指南以备不时之需。

新生入馆教育活动带队教师最初由 5 名学科馆员组成，后来由于招生人数的增加，扩展到其他部门教师参加，但由于所有教师均是兼职，日常业务工作任务也比较繁重，所以在 2018 年，我们创新方式方法，推出了二维码语音导航和入馆教育领航员征集。二维码语音导航即根据既往入馆教育流程编写解说稿，然后由专人录制音频，每段音频生成二维码粘贴在入馆参观的必经之处，学生只需要使用微信扫一扫，即可获得对应区域的详细介绍，非常适用于偏爱自由参观的新生，大大节省了人力。入馆教育领航员的征集充分发挥学生的主观能动性，以社团活动形式组织学生报名，经过现场面试确定发音清晰、表达能力较好、亲和力较高的学生为领航员，并有学科馆员进行全面培训，给全体领航员发放解说稿，在完成解说词背诵后由教师带领在馆内进行流程复盘，并针对新生可能遇到的问题进行提示与解析，然后在新生入馆教育活动中由老生带新生，完成图书馆参观体验。

2020 年突如其来的新冠肺炎疫情打破了平时生活、工作、学习的节奏，同样给图书馆 2020 级新生入馆教育活动带来了挑战与创新。由于处于入馆人数限制时期，2020 级 1000 余名新生的入馆教育活动不可能全部在线下完成，所以图书馆提前安排并计划以"新生入馆指南""入馆教育视频""图书馆闯关游戏"方式进行。入馆教育视频从剧本编写、分镜头设计到摄影、配音，再到剪辑、配字幕、动画加入等，全部由学科馆员亲力亲为。完整视频按照既往入馆教育路线拍摄，加入历届读书节活动介绍、电子资源介绍、联系方式介绍等内容，时长 11 分钟，上线后在线点击率破千（视频网址：http://lib.cmc.edu.cn/info/1009/1191.htm）。入馆教育视频页面图如 4-1-1 所示。

图 4-1-1 入馆教育视频页面

同时启用的图书馆闯关游戏也为新生量身定制了图书馆布局介绍与设备使用说明，并在每个关卡配合馆内的小问题让新生选择回答，顺利闯关后可增加新生对图书馆的了解与认知。

根据需求与问题进行完善和创新，是新生入馆教育不断保持活力的关键要素。除了以上措施之外，我们在入馆教育中还时不时加入一些小惊喜，让新生保持浓厚兴趣，比如展示中国非物质文化遗产——油纸伞，吸引大批学生拍照；让新生制定自己的阅读清单并保存在许愿瓶中，毕业结束后即可取出；让新生根据"中图法"在馆内寻宝，获得书籍奖励。每年的小活动都收获了院系师生的好评，同时也为入馆教育活动不断增添色彩。

成都医学院图书馆并未对外开放，社会读者接待服务的具体实施流程与服务内容是基于新生入馆教育活动延伸和开展的。在 2019 年度，我馆共接待社会读者 5 批次，达到 300 人次，包括学校周边的小学生、初中生以及外省职业院校读者。这些社会读者的主要目的是参观馆内设计、了解馆内资源，尤其对于周边中小学生来说，有助于提升学习动力，扩展格局视野。在参观过程中，中小学生对朗读亭、电子触摸屏以及特藏书籍产生了浓厚兴趣，职业院校读者则对馆内茶饮交流区、馆员手工艺品、学生解剖画展示等文化建设赞不绝口。

四、基于阅读推广的学科服务

（一）阅读推广的现实意义

"图书馆营销"概念在 20 世纪 70 年代引入了图书馆界，此概念的引入和近年来读者服务创新工作的展开，使图书馆的工作重心逐渐由传统的"以馆藏为中心"全面转向"以读者为中心"的时代。特别是很多高校借鉴各种推广经验，将创新图书馆服务作为提升形象、丰富内涵的重要途径，努力提升读者满意度。近年来，开展全民阅读、建设书香社会已成为全民共识，阅读推广得到了全社会的高度重视，已经成为各大图书馆的主要服务内容。高校校园文化是社会主义先进文化的重要组成部分，全面加强高校校园文化建设，对促进中华民族优秀文化的传承创新、进一步加强和改进校园思想政治教育、全面提高高校师生综合素质具有重要意义。

高校图书馆作为校园文化和社会文化建设的主阵地，是开展阅读推广的主要承载者，阅读推广可以成为校园教育中的重要组成部分。图书馆在阅读推广活动中，充分利用网络平台和新媒体等开展线上活动，进行广泛的活动宣传，及时发布信息和跟踪，在高校中引起强烈共鸣和广泛关注。运用阅读推广的影响力和传播力，凸显学校健康高雅、文明向上、全员参与的和谐校园文化氛围，充分展示高校师生全面发展、锐意进取的良好精神风貌，谱写新时代人才奋进拼搏、助力祖国建设的青春赞歌。以成都医学院为例，从2007年开始每年持续举办阅读文化节活动，主题突出、特色鲜明地开展阅读推广活动，坚持把培养大学生文化精神作为主线，注重发挥阅读推广在高校的思想教育的主阵地作用，提升校园师生的人文素养和德育水平，弘扬社会主义核心价值观，培育激发师生社会责任感、使命感，全面提升校园综合思想政治水平。

因此，从阅读推广的现实功效分析，阅读推广与学科服务的共同目标都是满足读者需求，为读者提供有价值的信息，培育知识服务理念，助推学习型社会建设。两者可以基于共性形成互动模式，从内在关联性出发提高功能增值的契合度，在实践中发挥协同创新活力。

（二）基于阅读推广的学科服务实践

医学图书馆面向特定的学科，其阅读推广和学科服务都有一定的医学特色。以成都医学院图书馆为例，数年来积极探索学科服务与阅读推广的融合实践，在每年的阅读文化节中嵌入学科服务和信息素养元素，开展学科服务月，让学科服务概念在阅读推广体系中形成特色组成部分。例如每年举行不同主题的信息检索大赛，通过便捷的线上答题方式，充分激发师生的信息检索兴趣，活跃了校园学术氛围，提高了学校读者对图书馆信息资源的检索、运用能力，使读者在现代信息环境下自觉提升信息检索能力和主动学习能力，从而达到全面强化读者信息素养的目的；开展医学经典翻译大赛，利用 CK Student 医学资源学习与检索数据库，借助微信小程序平台，方便师生随时随地参与大赛，提升了师生对原版医学经典书籍的学习兴趣，同时提高优质馆藏资源的使用效率。数据库线上讲座让读者随时随地获取学科服务工具，"成为 CK Student 中的 Student"带领读者玩转 CK Student 医学资源数据库，"宅家走进图书馆"让读者深度了解图书馆海量资源。这些学科服务系列活动让学校师生不再面对枯燥的灌输式信息素养培训和单调的学科服务，使师生能通过形式各异的阅读活动感受学科魅力、专业特色，激励成长、浸润心灵，培养良好的信息意识、知识获取习惯与自主学习能力。融合学科服务的阅读推广，为深入推进校园文化建设，形成文化育人、读书育人的良好氛围提供了有力支持。

学科服务与阅读推广进行融合，有利于形成人文与科学互补、专业化与普及性互补、学科与兴趣互补的阅读推广多元化实践。很多高校图书馆都利用馆内独特资源，将特色阅读推广纳入学科服务体系，例如海南大学利用学科馆员、学科顾问和研究生学科联络员，形成了一个集科技查新、信息素质教育、沟通与咨询及阅读推广为一体的学科服务体系。阅读推广是图书馆人的时代使命，学科服务是图书馆功能的体现，在信息化时代的大趋势下，图书馆应该紧紧把握时代发展的方向，把图书馆资源管理模式与现代科学技术紧密融合，探索"阅读推广＋学科服务"的协同模式，不断扩展图书馆服务的内涵，夯实知识服务的中心地位。

第二节　泛在联盟下的信息素养教育

一、概述

（一）泛在信息社会

随着多媒体和互联网技术的飞速发展，信息社会逐步进入泛在信息社会（Ubiquitous Information Society），即任何人都可以随时随地通过终端设备与网络连接，获取个性化信息服务，这种"无所不能""无所不在"的信息获取模式使用户打破时空与行业领域的限制，为人们的工作、学习以及生活带来全方位前所未有的变革。

（二）高校信息素养教育

信息素养教育是图书馆参与高等教育人才培养的核心内容和图书馆服务体系的重要组成部分。国际图书馆协会与机构联合会（International Federation of Library Associations and Institutions，IFLA）在其发布的《全球愿景》报告中也指出：图书馆必须不断适应时代变化以支持数字时代背景下有意义地学习，并为满足不断变化的用户期望而进一步开展服务、合作与实践。如何应对泛信息时代下不断变化的信息生态环境和教育环境，重新审视信息素养教育的模式与内容，反思信息素养教育的结构与实际效果，树立医学生终身学习的理念，提升其知识创新能力，具有重要的现实意义。

（三）高校图书馆与泛在信息联盟

泛在信息环境对于高校这个知识聚集和人才培养的阵地来说，既是机遇也是挑战。一方面意味着师生获取信息的途径更加广泛，可能不再完全依赖图书馆，这种趋势使图书馆作为高校信息储备与服务中心面临巨大挑战。另一方面，泛在信息的出现也为经费不足的高校提供了更加广阔的信息收集来源，如医学生培养由在校期间的理论学习和在医院的实践学习两部分构成，图书馆可以充分利用泛在信息环境，建立"图书馆—院系—医院泛在信息联盟"，打破高校图书馆、高校本部以及医院三者间的物理阻隔，实现资源共享，建立互惠互利的信息素养教育联合体。

二、泛在信息联盟下高等教育信息素养框架

早在 2015 年 2 月，美国大学和研究型图书馆协会（Association of College and Research Libraries，ACRL）向全球公开发布的《高等教育信息素养框架》（以下简称《框架》）成为高校信息素养教育的新指南。《框架》对信息素养做了新的界定，突破了传统意义的信息范畴，对信息素养进行延伸和拓展，并赋予了新的内涵。《框架》的核心内容由 6 个阈值概念搭建而成，包括"权威构建于特定情境""信息创建的过程性""信息的价值属性""探究式研究""对话式学术研究"和"战略探索式检索"，并在此基础上提出学生应当具备的 45 项知识技能和 38 种行为方式，体现以下 4 个方面的核心思想：①发掘和培养学生的信息素养潜能需要更加丰富复杂的核心理念作为指导；②在拓展学生学习方面，图书馆员肩负更多的责任，应与教师开展更广泛的合作，设立新的具有凝聚性的信息素养课程以拓展学生的学习；③将有关信息、科研与学术的很多

其他概念与思想融为一体，强调信息素养与科研学术过程的结合；④引入元素养（metaliteracy）的概念，元素养是催生其他素养的基本素养，是信息素养转型的新导向。《框架》以开放、灵活的概念列出高校信息素养教育需要培养的人才特征，体现了信息素养概念及其内容的泛化，因此《框架》的发布立即引起国内外图书馆界的广泛关注。

从已有的研究来看，虽然全球关于《框架》的研究数量总体上仍然偏少，也尚未形成图书馆界普遍执行的标准；但不少学者都认为不同学科领域的图书馆在应用《框架》时都应重新解读《框架》内容，并制定适合本校的实施方案。目前国外基于《框架》的实践研究尽管方向各异，但都充分发挥图书馆与本校其他部门的协作优势，并在此合作的基础上对大学生信息素养教育的课程进行了初步改革；而国内利用《框架》指导医学信息素养教育的实证研究仍然处于探索阶段，因此《框架》仍是未来高校信息素养教育的重要研究方向之一。以医学图书馆为例，循证医学在医学界受到高度重视，复制证据的能力在医学发展中起着至关重要的作用，也是评估医学信息的中心框架之一，医学馆员需要挖掘《框架》的隐性知识，充分利用泛在信息环境，通过建立信息联盟发挥《框架》的潜能，并在此基础上进行创新实践。

三、基于《框架》的泛在信息联盟创新实践

（一）实践模型

高校图书馆可以在《框架》的指导下对信息素养教学进行多种创新实践，本节主要介绍对基于《框架》的医学泛在信息联盟实践模型——因"专"施教模式、三维教学模式以及"2＋2＋2"教学模式，以期为推动信息素养教育改革，促进高校"双一流"建设提供参考借鉴。

1. 因"专"施教模式

尽管《框架》对学生应当具备的知识技能和行为方式给出了描述，然而医学具有专业性强、知识量大、更新发展快、需要终身学习等特点，因此医学信息素养教育需要配合医学学科本身的特点进行，不同学科专业的医学生对信息需求的深度与广度都不一样，因此有必要提出因"专"施教，不仅着重医学本身特点进行专业授课，还应根据医学大学科下各个专业特点进行个性化施教，以期促进医学高校信息素养课程发展，更好地提升医学专业学生的信息素养能力。

（1）注重案例更新与分析。

医学学科是一门不断发展的学科，新发现、新研究层出不穷，因此医学信息素养教育在课程设计方面也需要不断完善授课内容，尤其要注重案例方面的更新，与国际最新定义、诊断标准、研究进展接轨，同时对获取到的资料与文献进行动态评价，在教学时需要重点讲授获取精准信息的途径与方法。此外，医学生对检索主题的内容理解不够深入，不能有效提取检索词，是他们不能有效利用专业数据库解决问题的主要原因之一，学科馆员在授课中应注重引导学生进行检索案例的分析、提取等练习，并进行各种检索方式与检索词的搭配等练习，直观演示检索手段与检索结果之间的关系，同时鼓励学生锻炼自己对医学信息的判断能力，使其具备独立寻找前沿性、系统性、科学性医学信息的技能。

（2）医学各专业信息素养施教对策。

医学有许多二级学科分支，这些二级学科的发展方向有交叉也有差异，因此在教学过程中需结合学生的专业特色，制定针对性的培养路线。比如，除常规的医学前沿、交叉学科研究热点、权威学术理论的检索与获取方式讲授外，对于临床医学生，应注重其临床实践的需求，着重介绍循证医学的相关资源及其检索技巧。对于基础医学、药学专业则更偏向于实验技能操作或与转化医学相关的科研实践。预防医学专业的学生，应重点培养学生的查新和关注热点的意识，尤其是系统地整合医学资源的能力，培养学生的宏观思维。可以推荐学生通过 MOOC 及其他公开课、公开资料的形式借鉴其他院校的学科信息，多途径学习。对于中医学的学生来说，他们需要阅读大量的传统医学经典，学习前人经验智慧，因此可以向其推荐中医古籍、名家医典的获取途径，以及相关的数据平台及实用工具，让中医学学生利用现代手段获取传统中医内容，了解中医学的研究进展。

2. 三维教学模式

《框架》的核心思想之一是发掘和培养学生的信息素养潜能需要更加丰富复杂的核心理念，因此图书馆也需要为此不断探索。霍尔三维结构理论由美国系统专家霍尔于 1969 年提出，其主体内容是将系统工程划分成知识维、时间维、逻辑维，从而把多因素、多过程、多方向的复杂系统管理条理化、系统化，最终提高工作效率。开展医学信息素养教学，如同实施一项复杂的系统工程，因此高校图书馆可以借鉴霍尔三维结构理论作为《框架》的实践工具，将医学信息素养教学中涉及的众多主客观因素构建成相应的三维教学模型。

（1）医学信息素养的三维构成与要求。

①知识维的构成和要求。

开展医学信息素养教学要求学生同时掌握检索技能、医学专业知识、挖掘信息资源的能力、与小组成员开展研究学习的协作能力以及完成报告所需的写作能力。只有具备了充足的专业知识与过硬的检索技能，才能更好地分析与甄别所检索到的信息；只有积极发挥小组成员解决问题的能动性，才能高效地解决问题。

②逻辑维的构成和要求。

事物的发展都具有一定的逻辑性，在医学信息素养教学中体现为教师给出检索题目，学生依据专业背景分析题目，理清研究的核心，再利用检索方法找到最佳解决问题的方案，并对检索结果进行整合和深度挖掘，最后进行评估。

③时间维的构成和要求。

时间维体现的是信息素养教学开展的时间和阶段，是从最初的教学设计到最后完成教学的过程。首先是在教学实践中，要依据各专业的特点确定相应的教学目标，使教学更具有专指性；其次是依据学生的学习风格分成学习合作小组，尽量让各小组的成员配置达到最优化，以推进信息素养教学开展；再次是任课教师依据学情调研，设计开展信息素养教学的具体任务与要求。学生接受信息素养教学后，进行小组分工合作调研学习，通过小组集体讨论形成相应的研究报告；最后是由任课教师解析评价报告并将结果反馈给学生，指导后续的学习。

（2）医学信息检索三维教学模式实践。

以 18 学时医学信息收集与处理课程中的 6 个理论课程为例，开展相关论证。6 个理论课程每次课均为 2 学时，授课内容依次为"信息检索绪论""网络信息资源""中文全文数据库""中国生物医学文献数据库""外文文献检索平台""信息管理与医学论文写作"，馆员可根据不同时间阶段、不同授课内容设计不同的教学执行目标，各目标之间呈现出承上启下、循序渐进的特点。比如，第一次课作为教学的初始阶段，执行目标即为学生从整体上了解本门课程的技能要求及其学习技巧，邀请该专业的院系教师与学生代表共同参与学情和学习风格的问卷调查设计，为合理分配研究小组做好充分的准备。

进入具体的检索技能学习阶段，授课教师需结合专业要求设计医学检索案例，使之与学生的日常生活和专业学习相关联，鼓励学生开展小组式检索，由各小组组长汇报完成情况，教师在小组汇报时需进行对比分析和信息点评，培养学生初步分析、甄别医学文献资源的能力。

第 6 次课为最后一个阶段，其目标是要求学生从检出文献中归纳总结、形成自己的创新观点。此阶段的知识维度包括文献管理软件、信息评价工具、文献分析工具、学术道德、医学综述写作等。教师要求以小组为单位完成综述论文，并利用课堂所学的文献可视化分析工具做出相关知识图谱，通过 PPT 在课堂上分组展示。后期对参加试验的护理专业大二学生的信息素养能力进行跟踪与评估发现，无论是他们参加科研团队还是进入医院实习所表现出的信息素养能力均较强。这也很好地印证了各时间逻辑要素层层递进、互为依存、相互推进。

（3）"2+2+2"实践模式。

在因"专"施教模式和三维模式的基础上，医学图书馆还可以对《框架》进一步细化，结合地方医学院校的发展实际，开展嵌入式医学信息素养教育实践，并创立"2+2+2"实践模式。

《框架》嵌入两个教学情境。图书馆与其他大创指导老师和医院带教老师经过多次沟通、研讨，从培养学生科研能力和临床决策能力的角度出发，对《框架》内容进行解读和具体化。学科馆员以指导老师或信息馆员的身份嵌入大学生创新训练项目（以下简称"大创"）和临床"以问题为导向"教学模式（Problem-based learning，PBL）（以下简称"PBL 教学"）。

①嵌入大创。

大创负责人以大二学生居多，他们从撰写标书申请国家级或省级课题、开展课题研究到以在正式期刊发表论文或申请专利等相关转化成果作为结题标准，历时 2 到 4 年不等。由于结题要求较高，学生在这一过程中将经历严格的科研训练，且具有提升自身知识技能的主观意愿。在大创的立项和实施阶段，馆员主要根据学生的具体状态提供信息支持，通过参加课题组组会、面对面和QQ 在线交流指导为主，指导内容涵盖科研过程中遇到的所有信息问题，比如学科发展趋势、研究热点、文献评估、实验结果分析等；在大创结题阶段，馆员主要参与学生的科技论文写作指导与修改工作，直至论文见刊。

②嵌入临床 PBL 教学。

临床医学生（大三）完成基础课学习后即进入医院接受临床理论与临床技能的培训，目前临床教学普遍采用 PBL 教学模式，学习场景从传统课堂转变为真实世界的患者资料，并会随着病程发展和治疗干预发生变化。学生如何在多变的病例情境下整合已有知识，结合检索到的最佳证据做出决策，对于刚开始循证思维训练的学生来说，他们迫切希望获得基于临床 PBL 案例的信息培训，在这种嵌入模式下，馆员主要通过预约系列专题讲座进行指导，并在系列培训结束后，要求学生以小组为单位，对 PBL 案例的临床证据进行综述。

（二）解析《框架》实施的两种阈值

1. 阈值概念和阈值能力

阈值概念具有主观性，不同专业领域、不同学习阶段的学生面临的阈值概念有所不同，每个学生跨越阈值概念的时间与方式也有差异。以医学图书馆为例，基于前文的嵌入情境将《框架》的 6 个阈值概念划分为三个阶段：第一阶段为"权威构建于特定情境"，第二阶段包含"战略探索式检索"与"信息创建的过程性"，其余概念均属第三阶段。阈值概念只是了解学生技能储备的第一步，学生必须经历一系列更为具体而广泛的技能训练，才能帮助他们构建这些知识能力，并逐步改进其行为方式。而在阈值概念和知识技能之间起着桥梁作用的系列技能，即所谓的阈值能力。阈值能力注重培养学生最基本的知识能力，以应对其未来不确定的职业发展，医学生作为科研人员和相关从业人员的后备军，掌握阈值能力有利于他们学会如何解决问题。

2. 基于阈值概念的阈值能力训练

第一阶段为实践初期，考虑到医学文献产量每年都在以呈指数级别进行增长，如何定义文献的价值或权威性是开展有效检索的前提。可先通过讲座使学生从研究类别（基础研究或临床研究）和文献评价指标（比如同行评议）两个维度对医学文献权威性评判的"硬性指标"进行初步认识，并在此基础上引导学生思考其不确定因素，比如介绍期刊撤稿事件让学生认识同行评议可能出现的纰漏，而撤稿事件中涉及的一些学术不端行为也有助于学生尽早树立学科道德规范意识。

此外，馆员在嵌入式教育实施过程中定期参加相关课题组或 PBL 学习小组的组会，可以借此机会就学生汇报的文献多提一些启发性的问题，通过这种现场面对面的交流，有利于学生进行发散思维，寻找多种形式的权威信息。不断训练学生对信息的批判性认识，其才有可能成为负责任的信息创造者、读者和使用者。

第二阶段，大创学生已基本进入实验室，同时进行实验操作和查阅文献的训练，在不断遭遇实验失败的过程中很快意识到科研的艰难和他人学术的贡献价值；定期的文献汇报有助于激发学生在每次汇报结束后不断反思自己对文献内容的理解，并逐渐重视检索词表达的多样化以改进检索式、尝试更多的检索平台，对信息的需求也偏向于查新或查全。而对于 PBL 医学生，他们的信息需求多偏向于查新与查准，对检索的效率要求较高，需要训练他们灵活利用 PICO（Participants，Interventions，Comparisons，Outcomes）原则从纷繁冗长的案例陈述中提取检索词、构建检索式的能力。由于经过了第一阶段关于"权威性"的介绍与培训，不少学生会主动对检索结果进行筛选，并在判断证据的过程中向馆员求助或与带教老师讨论。

第三阶段主要针对大创学生，他们对自己课题领域的研究有一定的熟悉程度，并在指导老师的指导下完成了论文撰写和投稿。绝大部分的大创学生在结题前都经历了数十次的论文修改，深刻认同自己作为信息创建者的身份与责任，看待文献的权威性相较第一阶段更加谨慎，考虑也相对全面，对"信息的价值定位""探究式研究"也有了更多认识。几乎所有学生都一致同意：即使论文已发表，或即使已找到最佳证据，仍可以发现新问题；以探索的方式开展科研是进行科研的最好动力之一。虽然临床 PBL 医学生对信息创建的身份认同较弱，但对于计划考研学生和那些在临床课学习前就经历过大创训练的学生来说，他们在寻找和评估最佳证据的过程中，对临床研究中的证据空白更加敏感，对未来是否开展相关研究更有兴趣。这说明在经过一定强度的、较长的阈值能力训练后，学生在知识技能和行为方式认知方面较培训前更接近《框架》的要求。

四、双向反思实践

在教研实践中，施教者与受教者的观点常常不一致。因此学生与馆员都需要对这一过程的每个阶段进行回顾和反思，从而总结经验教训，共同推进教学改革。

（一）学生进行反思

对阈值概念的跨越与阈值能力的转变不仅局限于学生如何看待所在学科领域的知识，还包括对自身的世界观与价值观的认知变化。在经过一系列的嵌入式训练后，大部分学生对信息素养的理解和思维理念发生了不可逆的转变。不仅如此，医学飞速发展导致该领域文献的生命周期大幅度缩短，也使学生认识到保持继续学习的能力非常重要，大创的结束或者 PBL 教学的考核结束并不意味着可以停下学习的脚步。因此反思有助于加强学生形成自我导向的终身学习行为方式。

（二）馆员进行反思

应用《框架》开展医学信息素养教育充满挑战，一些新概念、新的尝试对于馆员本身来说也是一种需要跨越的阈值概念。通过对实践研究的反思，有助于了解自身不足与未来的改进方向，比如增进与院系合作，不断加强对医学和教育学领域发展情况的了解等，才能为学生带来新知识和新启发。馆员的反思主要体现在以下方面：一方面是基于学生对自己行为方式的主观反思总结；另一方面是学生经过阈值能力训练后呈现的客观结果，比如形成的论文，或经过整合分析后的临床证据文献。其中，论文是评估学生信息素养的常用指标之一，馆员通过摘要或结论即可判断学生是否提出了有证据支持的论点，或仅仅是进行了事实堆积。而对于临床证据总结的评估，馆员需要与临床带教老师一起完成。也可以在指导过程中适时添加一些培训内容，比如教授学生科研论文的写作格式与方法，向其推荐前沿信息与期刊，分专业介绍不同 OA 资源等。

综上所述，《框架》为开展信息素养教学提供了丰富而复杂的指导思想，改变了图书馆看待和实施信息素养教育的工作方式；如果不加以系统考虑，只采用单纯讲授式教学法难以提高其教学质量。医学生因专业需要与专业特点更应具备高水平的信息素养，在进行对医学生的信息素养培养中，结合医学本身的发展特点和学生的专业特点，各医学图书馆都可以在《框架》基础上，结合本馆实际进行创新实践。由于《框架》倡导将信息素养教育延伸并嵌入学生各层次的学术能力培养中，因此图书馆应与教学岗的教师开展深度合作，参与教学的各个环节以及教学过程使用的各种资源中，提高本科生的科研意识和专业水平，助力高校的"双一流"建设的重要方向。

第三节　学科分析报告

一、ESI 报告

《统筹推进世界一流大学和一流学科建设总体方案》印发后，"双一流"建设受到了我国各级政府及高校的高度重视，现阶段国内对于"双一流"的重要评价数据库来源之一就是基于科睿唯安旗下的 WOS（Web Of Science）数据库、InCites 科研评价与分析平台、ESI 数据库的统计数据。WOS 系列数据库主要以引文分析数据作为基本指标对国家、机构、学科等进行排名，是当前世界范围内比较公认的学科绩效评估工具；ESI 数据库提供的 1‰ 学科成了国家"双一流"筛选的重要参考指标。很多高校图书馆都将服务工作重点放在了基于 ESI 等数据库对各学科开展学术影响力的评估上，以促进高校制定适合各自院系的考评标准与激励政策，鼓励广大师生发表高水平论文，将学术成果转化为科研动力。成都医学院图书馆自 2018 年起开始定期编纂《成都医学院 ESI 学科分析报告》，由于尚无专职人员从事此项工作，报告采取每年一版的方式。

在报告编纂过程中，面临过很多具体问题，包括数据采集时间的选定、对标院校的筛选、报告内容设计排版、每年的创新内容等。根据数据采集、分析与撰写报告的实践工作，在每次编写中不断完善与改进，对以上问题积累了一些具体处理措施。

（一）数据采集时间的选定

数据采集时间的选定，原则上要能够较大限度地与数据库更新时间契合，保证数据完整性。由于 WOS 数据库每日更新、InCites 分析平台每月下旬更新、ESI 数据库每两月更新，故选择每年 4 月中下旬从 InCites 数据库采集本校及对标院校数据，利用 ESI 数据库 5 月更新阈值进行分析评价，且一般在 6 月份完成报告时仍具备时效性。

（二）对标院校的筛选

首先从专业角度考虑，对标院校应为医学类高校；其次应选取与本校综合实力相当的院校，可在 InCites 分析平台中按照"Clinical medicine"（临床医学）学科影响力排名，选择排名在本校前后大致 15 名以内的院校，而不是一味求高求好，否则可能会因目标过高而产生失望心理，不利于调动学科发展的积极性；再次，在通过 InCites 平台选取的院校之中，优先选择与本校发展历史相近、特色专业类似或曾经为对标关系的院校；最后确定省内对标院校 3 所、省外对标院校 4 所，且省外的对标院校需考虑相近的地域发展水平。

（三）报告的内容设计

成都医学院图书馆报告正文内容采取"总-分-深入"的形式。第一部分为成都医学院整体学科表现力，以及与省内外对标院校的对比情况；第二部分为成都医学院各 ESI 学科的发文成果情况，包括各学科的产量与趋势、发展潜力排序、校外及国际合作情况、高产作者代表及友好期刊统计等；第三部分为重点潜力学科情况，按照成果总量与影响力选取两个 ESI 潜力学科进行具体分析，分析内容包括潜力学科的对标情况、高被引论文分布、学科贡献较大的院系、较高被引与较大发文量作者、学科内友好期刊统计以及发文具体研究方向等。考虑到报告的阅读人群主要为院系教师，进行相关术语解释与统计方法的描述是必要的。

（四）创新内容的体现

为避免每版报告的形式一成不变，在每年更新报告数据的同时，均有创新内容的增加，多体现在附表部分，大部分更新内容基本与科睿唯安团队定期更新的评价指标同步。2018 年第一版报告添加的是学校发文历史时刻，包括第一篇 SCI 论文、期刊影响因子最高的论文、第一篇高被引论文等，收到的反馈多数认为非常有纪念意义；2019 年版添加了两个潜力学科的 ESI 期刊推荐列表，受到了学校科技处的关注；2020 年版在 ESI 期刊列表基础上，根据学科服务中的院系需求，增加了成都医学院"扩展版"ESI 论文分析、成都医学院 2019—2020 年发文热词分析，具有一定的科研参考意义。

除以上问题之外，在整个数据处理过程中，因为没有专人负责及相关处理软件，清洗数据是最为耗费人力与时间的过程。需要清洗的数据涉及发文具体院系、发文作者、发文热词以及贡献权重等。由于学校二级院系名称有改动以及较早发文时大多未统一规范二级院系及作者名称等，大量发文数据需要人工核对与规范，在必要时还要联系院系或作者进行确认。而 InCites 平台及 ESI 数据库在计算学科影响力时未引入贡献度权重，计算规则不区分发文的通讯作者、第一作者或参与作者，只要论文有作者和机构署名，都会计算为某机构或某作者的成果产出，同理在计算论文影响力（被引频次）的时候，也采用累积相加模式。这种统计结果其实不利于决策者进行学科规划与布局，因此数据清洗也包括发文贡献权重的清洗。统计学校署名为第一作者、共同作者或通讯作者这种权重较大的发文，形成直观清晰的数据，也是数据清洗工作中重要的一环。

二、思考与建议

在 ESI 报告撰写实践中，我们也对面临的瓶颈与困境进行了深入剖析与思考，其中有来源于数据库本身的问题，也有来源于操作过程的问题，以期能够为数据更新及学科评估工作带来一些借鉴意义。

WOS 数据库、InCites 科研分析平台与 ESI 数据库在开展机构和人才评价及学科分析、发现研究前沿与热点方向、寻找高水平合作、发现友好期刊等方面发挥了重要作用。但其本质是学科绩效的评估工具，既然是工具则必然存在不足与改进之处，在使用中，我们发现该系列数据库存在的一些问题。首先是 ESI 的学科分类与我国教育实际不符。ESI 将 SCIE 与 SSCI 收录的上万种期刊划归到其固有的学科分类中，共分为 22 个学科，而就我国教育实际而言，《教育部学位授予和人才培养学科目录》中的 113 个一级学科分类更为符合我国高校的院系和专业设置，但该一级学科分类并不能与 ESI 下的 22 个学科——映射，还有部分学科根本无法和 ESI 学科建立对应关系，导致这部分学科成果在统计过程中比较模糊，为我国学科馆员统计工作带来不便。其次，InCites 分析平台对其中涉及的机构并没有按照规模进行比对。这样就出现了所有机构不分规模与性质进行排名的现象，而不同规模与专业性质的机构由于对比数据和水平不一致，排名的参考性也较弱，还可能会打击某些专业性大学和较小规模研究机构学科建设的积极性。再次，InCites 平台及 ESI 数据库在计算学科影响力时未引入贡献度权重与引用权重。这使得即使在没有主研项目或撰写论文的情况下，只要参与式的发文多，且被引次数多，平台便自动将其计算划归为高产量或高影响力的机构和作者，这种"利益均沾"的计算方式可能会打击一部分学者的科研积极性，也可能会导致一些机构"投机取巧"，采用"抱大腿"的方式提升本机构产出与影响力。最后，数据库中没有相应选项可以细化分析到某个具体二级部门，这可能是学者对同一机构相同二级部门的英文表达未能统一，导致数据无法有效抓取。以我校"检验医学院"署名为例，在 InCites 数据库中用以表达该院系的方式共有五种，分别是"Sch Med Lab SCI""Lab Med Sch""Sch Lab Med""Dept Lab Med""Dept Med Lab Sci"，不仅平台无法进行有效统计，还对学科馆员的数据清洗工作带来一定难度。

在撰写 ESI 报告的实际操作中，首先是成都医学院图书馆尚无专门负责 ESI 报告撰写与学科分析的学科馆员，4 名学科馆员需要负责如信息素养教育、定题检索、查收查引报告、电子资源建设与评估、信息咨询答疑、新媒体运营以及协助阅读推广等各项工作任务，时间和精力都极为有限，对 ESI 报告不可能进行大样本数据的人工清洗，而且报告更新太慢，也没有专门涉及某一院系或某一学科的具体分析报告。其次学校作为四川省普通高等医学院校，图书馆资源建设相关经费有限，尚无购买相关数据处理软件的能力，因此在报告编制过程中，涉及的数据清洗与规范，全部需要依靠人工手动完成，在很大程度上延缓了工作进度。再次，涉及发文成果的归属与权重的统计工作全部需要学科馆员对照机构设置、相关中文文献且下载英文全文或咨询联络进行核对与确认，工作量巨大，沟通过程也不十分顺利。而如果院系发文作者能够将成果定期上报，并核实自己所在院系、作者排名、是否研究生发文等问题，那么对于 ESI 成果分析工作将带来极大的便利。

综合上述发现，建议在具体应用数据库时，综合运用学科规范化影响力（Category Normalized Citation Impact，CNCI）、期刊分区等指标，横向对比学科成果，在学科馆员需要理性对待 ESI 分析报告的同时也需要给予客观说明，ESI 报告的分析结果不代表学校学科发展的整体实力，其他如中文期刊发文情况、学校项目基金情况、专著与教材编写情况等，均是在学科建设与规划中值得分析与参考的重要内容。而后续为了便于在数据库中有效筛选学校二级单位，图书馆可以联合科技处以官方名义发布具体二级部门的指定英文表达，利于后期数据处理与统计，同时有助于解决由于表达不规范可能造成的数据遗漏问题，也为具体二级部门科研贡献度计算及学科规划带来便利。成都医学院图书馆受限于人力与物力等因素，呈现的 ESI 分析数据比较"粗糙"，所以也反映出学科分析工作的深入与扩展离不开专业人员与相关工具的投入，同时需要与院系、行政部门加强沟通与合作，例如发文学者的定期成果录入，借助科技处、研究生处等部门的力量规范机构表达与书写等。而学校教师对每版 ESI 分析报告的关注、反馈与建议，同样也是完善报告编写工作的动力。

第四节　融媒体场景下的微学科服务

一、概述

新媒体的快速发展让学科服务也有更多可选择的技术手段，医学图书馆可以将各类新媒体进行融合实践，探索如何在融媒体场景下开展微学科服务。目前多数高校图书馆已将移动图书馆服务嵌入微信公众平台，打破了传统服务在开馆时间、阅览空间及图书复本量上的限制，不仅可以满足读者查询和利用馆藏资源的基本需求，还可以有效地增加图书馆服务的公众关注度。

二、微学科个性化推送

医学院教师身兼教学与科研任务，需要利用图书馆查阅最新的医学信息来助力教研工作，对图书馆资源的需求标准较高。因此学科馆员应摆正学科服务态度，在日常的信息咨询、院系走访以及培训讲座工作中积极了解用户的需求，并对用户关注的主题内容及其发布时间做好实时规划与分类，为读者提供更加精准便捷的信息获取方式。例如定期发布"年度医学研究前沿""最新核心期刊目录""投稿指南"等教师们关心的专题信息，为他们提供课题咨询与学科分析。同时也可以推出"新书通报""读者推荐""特色医学资源数据库"等图书馆馆藏资源等信息，让教师们直接参与到学校的资源建设中，也能使后续图书馆馆藏得到更好的利用。

（一）微学科信息素养教育

医学专业知识点多、内容繁杂，因此医学生学习压力较大，专业课程已经占据了他们大部分的学习时间，传统的阅读推广模式难以调动他们对阅读的兴趣。"微信碎片阅读"是一种主动学习和自主阅读的方式，通过浅显轻松的碎片化阅读，使读者喜欢上阅读，从而增加医学生对知识进行深层挖掘的可能性。因此，学科馆员可以充分利用微信的群发功能定期向读者推荐新书或热门书籍，同时对接移动图书馆的在线阅读功能，使读者可以在微信窗口直接阅读新书；也可以利用微信平台开展医学信息素养教育，为医学生提供更加"接地气"的资源推广信息，或将"医学信息素养"课程制作成嵌入式的微型短视频课程，针对某一检索问题展开教学，让学生在短时间内有效掌握知识点，激发学生的学习热情。如果以上方式能够发挥辅助作用，则会获得学生的追捧与关注，从而扩大图书馆微信公众号的影响力。

（二）微学科品牌公众号

近些年，不少专业机构，比如医院、专业协会、民间组织甚至学术出版社都陆续开通微信公众号，例如丁香园、医纬达中国、果壳、中国医学论坛报等，这些平台向用户定期传递最新的医学前沿信息、专业科普解读、学术沙龙公告，并关联线下活动，与用户直接交流，在线上线下凝聚了较高人气。但每个团体的出发点和受众不一，背后团队实力不一，因此水平也是良莠不齐。医学图书馆应当充分利用自身文献资源和学术平台的先天优势，直接向校内校外的专家教授约稿，与学院及其附属医院合作，将医学文献以文摘、选读以及名家读后感等碎片式阅读方式推送给社会读者，如果高校图书馆的微信推广内容能在校内外广受好评，就有可能打造出一个权威的阅读品牌，将大大扩大医学图书馆的服务辐射面，不仅有助于推进全民阅读，还能不断提升国民的健康素养。

三、5G 时代的微学科服务展望

5G 是指第五代移动通信技术，以网络的超高速、高带宽、低延迟、强移动性等为主要特点，使网络真正实现全天候、无限制信息传输。随着 5G 时代的到来，融媒体将会有更加广阔的前景，以 5G、虚拟现实技术和人工智能技术相结合的全新模式将帮助高校图书馆升级为智慧图书馆。比如，设置更加智能可靠的认证方法，在各楼层要道、书库核心区域设立模仿真人的虚拟投影导航员与来馆读者进行交流互动，自动为用户办理阅览区馆藏查询、借书还书、论文检索、信息咨询等操作，而用户只需要在移动端接收确认信息即可。有关 5G 时代高校图书馆的微学科服务前景，不少学者对此进行了探索性的展望，主要表现在以下几个方面。

（一）参与医学教育变革

医学知识大多基于对微观结构的认知，不仅各基础医学学科之间有着千丝万缕的联系，从基础医学到临床医学也存在较大的学习跨度，这些密集的知识点对于医学生来说理解起来非常困难，难以全面透彻地把握，而目前可供参考的资源又过于理论化和抽象化，这些问题在不久的将来都可利用 5G 技术给予解决。比如，图书馆可以利用 5G 技术与学院做好教学对接，开设医学微课堂，添加教师备课及学生拓展学习所需的参考资源，师生可以在教学平台上进行专题讨论，自由地分享知识，发布教学感受，带动更大范围学生的学习积极性。此外，图书馆的信息素养教育、新生入馆教育以及常规的培训讲座等工作，也可以利用微课堂进行开展，使用户更加灵活地安排学习，更高效地熟悉和利用图书馆资源，营造全民阅读氛围，提高用户参与热情，增加用户黏性，使图书馆真正成为高校的知识文化交流中心。

（二）推进电子资源共享变革

全国高校在电子资源构建时由于主流学科不同，其数据资源侧重点也各不一样，而这些相关资源如果完全不能共享互通，不利于促进我国的专业学科发展。5G 使高校图书馆实现全区域互联后，在保护资源版权的前提下，各高校图书馆可以在统一的超级云平台为全国各高校，尤其是一些经济不发达地区高校，或因资源建设不足而导致学科建设滞后的高校师生提供感兴趣的电子文献浏览、下载，线上交流与互动服务，不仅可以在很大程度上弥补各高校间的资源差异，促进地区学科发展，各高校学生也可以通过这个平台与不同区域、不同专业的学者进行虚拟学术会议，达到和真人面对面学术交流相差无几的效果。这种模式将极大地加快我国高校人才培养、共同创新、共同进步的步伐，为增强国家的知识体系建设打下坚实的基础。

（三）提升用户的个性化服务

在 5G 技术的带动下，人工智能馆员就可以完成一些简单的常规工作，而学科馆员的工作重心将转移到如何利用 5G 技术使图书馆的信息资源利用最大化上。比如，对师生读者建立不同的单人用户画像或群用户画像，根据其偏好特征制订信息服务计划，并利用数据共享平台主动为用户检索、筛选、分析和处理数据，为其提供精准的图片、音频、视频等各类信息推送，使推送内容和服务质量都得到进一步的提升。高校图书馆也可以充分结合虚拟现实技术和人工智能技术对阅读方式进行创新，例如，对文献数据进行智能分析和体验游戏化或虚拟场景的阅读推广，并随着读者的喜好变化而随时更改，使数字阅读的线上和线下推广最终实现真正的融合。

第五节　基于用户画像的学科服务

一、概述

用户画像的概念最早由 Alan Cooper 于 1999 年首次提出，即现实生活中真实用户的虚拟代表。2014 年国内图书馆领域首次出现对"用户画像"的应用研究，即借助用户画像技术实现馆藏资源与用户信息需求的精确匹配，但目前用户画像技术在图书馆的应用仍处于积极探索期。随着传统图书馆向数字化、智慧化、移动化方向发展，图书馆业务也将面临创新升级，挖掘用户潜在需求并为个人或群体进行精准学科服务将成为新趋势。

国内图书馆有关用户画像构建实证研究多种多样，但其构建流程大致如下：用户画像数据分类、数据采集、数据分析与处理、用户标签体系构建、用户画像模型构建。其中，用户画像数据主要分为静态数据和动态数据。静态数据即用户属性数据，包括性别、年龄、学历、职业等数据；动态数据即用户行为数据，包括注册登录、搜索、浏览、咨询、阅读、下载、预约、续借、互动等数据。确定数据来源后，则开始进行数据采集工作，并对采集的原始数据进行分析与处理，以保证数据质量和用户画像的有效性和真实性。数据清洗之后即建立用户标签体系，提取出用户基本特征标签和用户行为特征标签，然后对标签进行归类、关联等，逐步构建分类标签、多级标签，从而形成用户标签体系，将模糊的用户类型立体化、形象化。

二、医学专家的用户画像构建

专家读者是学术创新的主体和学术信息的生产者，也是医学图书馆重要的学科服务对象，对其构建全面而准确的用户标签对于高校图书馆开展精准的嵌入式学科服务具有重要意义。

（一）兴趣偏好标签

科研创新工作需要科研工作者搜索和整理海量的数据资源，以全方位掌握科研领域的研究现状和进展，因此他们的研究重心常聚焦于某一前沿领域，并精准定位所研究的关键科学问题。这部分用户画像的标签主要体现为专业数据库的浏览行为、网络学术论坛的使用记录、搜索引擎中输入的关键词、在线阅读时长、网络收藏夹、网上预约、对学术文献的引用、日志信息、图书馆资源续借等，直接或间接地反映了用户阅读检索方面的兴趣偏好。

（二）科研属性标签

为反映科研人员所处的科研状态，可将用户属性的标签进一步细分，例如医学研究的偏好领域、科研创新的研究方向、每年的科研基金申报等属性。

（三）心理特征标签

用户心理特征标签主要通过用户在数字图书馆公共平台上和其他用户之间的互动情况进行采集。如从用户对科研文献的阅读评论、转载分享、交流谈论等行为中获取专家对阅读文本类型主题的偏好情况，从而更加准确地描摹出用户的心理特征。

（四）社交网络标签

用户画像还可以从用户社交网络方面获取，从而快速构建用户在社交网络方面的个性化细节。但这部分数据的收集、分析和挖掘必然涉及科研用户的个人隐私，因此在具体实践过程中有较大困难：由于科研人员将大量的时间用于科研活动，社交数据较为单一，加之科研人员的网络安全意识很强，善于保护个人的隐私信息，因而较难从通用社交平台获取用户个性化数据，导致用户标签不能全面描述用户特征。

三、基于用户画像的精准服务

图书馆精准推荐是提升资源服务质量及资源利用率的重要手段，通过研究用户画像，可以预测其对学科的知识需求情况，并以此对馆藏资源进行重组，有针对性地开展学科热点、前沿趋势等知识服务推送，满足不同读者不同层次的信息需求；也可以据此进一步优化馆藏资源的智能检索功能，通过大数据挖掘和分析为用户量身定制检索方式，提升用户的检索体验，提高检索结果的查全率与查准率等，在馆藏资源不断更新、推荐和展示过程中，建立及时的反馈机制对用户画像进行监测与修正，最终形成良性的图书馆精准推荐体系，从而促进图书馆个性化推荐及资源服务质量的提升。

作为医学图书馆的主要服务对象，在校专家和附属医院的科研团队常常缺乏全面的学术交流与沟通，若图书馆能针对这两部分用户构建用户画像，就能打破本部校区与附属医院的空间限制。比如，当某些用户都频繁使用相同资源时，说明这些用户之间存在密切的联系，图书馆可以针对核心用户，挖掘出研究领域相似的用户群体，指导读者更好地根据自身潜在需求及时调整科研计划，将某个或少数用户大量使用的资源推荐给还未使用该资源但是兴趣相似的其他用户，同时帮助读者找到未来的科研合作或学习研讨伙伴。例如给同一研究主题的基础医学与临床医学研究团队牵线搭桥，不仅可实现团队间的资源共享，还能促进临床转化医学的发展；再比如，基于用户或病情画像的诊疗决策支持信息不仅可以辅助医生进行多视角诊疗决策，还可以促进在校医学生尽早适应临床实践的学习模式。

通过理解用户画像背后蕴含的数据，也可为图书馆工作提供有力的科学决策依据。比如进一步优化图书馆空间布局、提高空间设备的利用率、增加读者的体验感，从而在读者与服务间建立起全新的连接，并及时调整数据分析维度，开展阅读推广和知识服务，提升现代图书馆服务效能。

第六节　阅读空间创新——信息共享空间搭建

一、阅读空间服务

当前各类型图书馆都面临着巨大的转型发展挑战，提升图书馆的吸引力与利用率已经成为亟待解决的问题。图书馆作为全民阅读的重要阵地，其阅读推广工作对推进书香社会建设具有深远的意义。阅读空间是图书馆为读者提供丰富精神食粮的场所，主要用于文化知识的提供获取、文化价值观塑造、文化休闲娱乐等多元文化活动的开展。由此可见，图书馆的阅读空间是图书馆为区域内公共文化服务，为学校或科研单位教学、科研、人才培养等重要职能服务的基本载体，也是推进全民阅读工作的主要场所，阅读空间的服务水平对图书馆充分发挥其育人功能，营造积极向上、和谐文明的书香氛围具有重要推动力。新时期，图书馆的发展逐渐向全力打造馆藏、借阅、咨询、科研、娱乐等功能一体化、全开放的服务模式转变，阅读空间服务正是为这一趋势提供适宜的物理条件，为图书馆阅读服务的未来发展提供有力的支撑。阅读空间服务创新从空间建设的视角体现了图书馆"以读者为本"的服务理念、"读者第一"的办馆宗旨、"服务育人"的基本职责。不断创新图书馆阅读空间服务，不仅能激发图书馆整体活力，提升图书馆吸引力和影响力，丰富全民阅读载体，也是提升图书馆整体内涵的必由之路。因此，分析图书馆空间服务创新的必要性，探索图书馆阅读空间服务创新的模式，是深化图书馆职能、夯实图书馆服务功能的重要命题。

二、阅读空间服务创新的必然性

创新的意识在古今中外都有所体现，各领域的专家、名人等对创新的阐述可谓不胜枚举。中华民族有史以来十分重视提倡创新精神，儒家经典《大学》就有提到"苟日新，日日新，又日新"，倡导人们要不断寻求自我的更新和改进。《周易》也提到"日新之谓盛德"，鼓励每天都要有变化与革新。

不可否认，当下的图书馆事业正处于一个矛盾而艰难的转型阶段，传统图书馆模式与现代信息社会、读者需求之间的矛盾与磨合使图书馆不得不进行转型与创新。图书馆能否在机遇和挑战下保持与时俱进的发展，赋予图书馆新时代的价值，实现图书馆跨越性的创新发展和持续性的发展动力，是业界学者不可避免的研究重点。特别是高校图书馆，不仅面临着创新时代大环境下对图书馆的挑战，同时也面临着高等教育快速发展带给本身的挑战，内外部的压力使创新发展成为高校图书馆的必然趋势。业界对图书馆的创新发展的定义纷纭，但都离不开对图书馆本身内部系统、服务功能组成等进行重构和更新，以不断适应时代的发展和社会文化发展对图书馆职能的新要求。因此，图书馆服务同样需要在不断创新发展中探索新的途径，以适应时代对图书馆事业发展的要求，而阅读空间服务作为服务创新的重要部分，也必然需要与时俱进。

三、信息共享空间搭建

学科服务需要依托于实体图书馆的大环境，而学科服务创新同样离不开图书馆其他服务创新的共同支撑，以形成相互助力的服务创新模式。学科服务需要依托于图书馆的物理空间，因此需要以用户视角探寻学科服务空间的切入点——信息共享，挖掘以服务知识为目标的"空间再造"设计点，布局信息共享空间的文化性设计、空间人本性设计、空间开放性设计、空间智慧化设计四大板块，将学科服务的信息共享空间、资源、服务、活动等方面有机融合。全面打造人文与科学相融合的图书馆信息共享空间，从细节处体现图书馆学科服务理念和服务宗旨，并不断自查、创新、完善，螺旋式推动图书馆整体阅读空间服务创新的步伐。例如成都医学院图书馆延伸学科服务内涵，为读者打造现代化智能研修室，满足用户开展科研小组讨论、课题设计、面对面参考咨询等空间需求，搭建具有医学文化特色的信息共享空间，如图4-6-1至4-6-3。浙江大学图书馆也在2017年对图书馆的内部空间结构进行重新设计，在图书馆内部隔离出许多独立的空间作为各小组的学习研修室，供师生学术交流。通过阅读空间服务创新，打造看得见的图书馆特色学科服务与"悦"读氛围，以学科信息共享、关怀用户感受、开放信息交流、智慧服务体验四个方面为重点，让用户体验图书馆的专业性、学术性、文化性、人本性、开放性、智慧化，引导更多读者发现实体图书馆不可替代的独特之处，使读者能"悦"在图书馆，高效利用图书馆资源和服务。

图4-6-1 成都医学院图书馆研修室——学科交流空间

图 4-6-2　成都医学院图书馆研修室——课题研讨空间

图 4-6-3　成都医学院图书馆研修室——自由学习空间

（一）学科信息共享

学科信息是图书馆学科服务竞争力的集中体现，也是图书馆学术软实力的体现，用学科信息特色引领信息共享空间的打造，可以提升阅读空间服务水平，延伸阅读空间服务的学科内涵。可以利用图书馆馆藏特色及医学学科特色打造学科服务空间的"场所精神"氛围，结合独特的医学文化，激发用户对馆藏资源的学习和阅读兴趣，丰富读者的精神生活，涵养读者的文化底蕴。例如打造有特色的医学文化展示区域，在馆内设置实体宣传栏介绍国内外医学名人、医学生誓词等，宣传代表现代医学发展水平的案例、前沿信息等，使文化育人的理念和谐融入信息共享空间。

（二）关怀用户感受

优质的信息共享空间应该成为吸引学科服务用户入馆体验实体服务的重要因素，以读者需求为导向体现人文关怀理念，从"书本位"变为"以人为本"。图书馆在阅读空间打造中需要充分考虑读者需求，转变服务思维，向精细化、专业化的空间服务转变。在实际工作中关注图书馆大空间的布局，同时也重视打造空间局部，让读者在接受学科服务之余能体会到图书馆整个空间服务的关怀。例如可以设置阅读隔间，提高阅读空间的隐私性与休闲性，为读者提供一个相对独立而安静的阅读减压空间。调整阅读照明效果，通过在书架上安装LED灯带，增强局部照明效果，在阅读桌上安置台灯，或是阅读隔间内安置落地灯，让读者可感受到如置身家庭书房的舒适。利用颜色的心理效应巧妙布置阅读环境色。以白色、蓝色等偏淡冷色系为主调，可以帮助读者镇静、放松。设置水吧等休闲区域，提供茶叶、咖啡、饮料等简单饮品，使读者享受更加齐全的功能服务。阅读空间服务只有紧跟读者需求，与时俱进地进行创新和完善，才能将阅读空间的人文关怀有效发挥。

（三）开放信息交流

现代图书馆需要重视读者的参与度，倡导图书馆的开放共享精神。图书馆可以整合空间资源为读者提供更好的阅读体验与交流空间。借鉴国内外图书馆共享开放空间的有益启示，充分发挥图书馆物理空间的使用效率。利用图书馆既定的建筑空间，将馆藏空间、阅读空间以及各种服务区域合理分配，使图书馆成为集学习、研讨、创新、交流、休闲于一体的场所。例如设计面对面参考咨询区、读者研讨室、考研专区、创客空间、多媒体活动室等，鼓励学科服务用户能积极借助图书馆空间进行学科研讨、创意活动、读书交流、文艺竞赛等，使图书馆成为读者的创新空间与终身学习的场所。

（四）智慧服务体验

智慧图书馆的理念已经深入各类型图书馆，进行智慧阅读空间重构已经成为图书馆发展的必然趋势。对阅读空间进行智慧型设计，将科技元素与图书馆传统空间进行结合，让先进的信息技术提高学科服务的用户智慧体验。根据各图书馆经费、场地等具体情况，逐步进行智慧化信息共享空间建设，包括智能书架、电子阅读器、朗读亭、座位预约系统、自助学科服务平台、智能导航机器人等智慧图书馆设备。通过打造智慧空间服务，实现高校图书馆学科服务空间的信息化、自助化、开放化、共享化。

以上四种信息共享空间服务模式可以为图书馆阅读空间服务创新提供一些思路，但是阅读空间服务创新之路没有终点，在实践中也需要不断巧借他山之石，借鉴国内外高校图书馆空间服务创新经验，充分融合图书馆特色与校园文化特色进行探索与尝试。

将图书馆学科服务与阅读空间服务进行融合创新是持续性工作，需要不断提炼空间设计理念，力求与时俱进，面向读者、面向未来、面向创新，围绕知识服务、人文关怀、开放共享、智慧化用户体验等方面不断创新阅读空间服务。在不断完善的信息共享空间中，为读者构建学科与艺术、技术与人文交融的符合生活美学、学习阅读功能的现代化图书馆。阅读空间创新也需要借助全馆协同力量，鼓励各业务部门各出其新，从各部门的职能出发提出空间服务创新思路，集思广益，有序打造全方位的阅读空间。通过阅读空间服务创新，可以赋予图书馆新的活力和能量，有效提升图书馆的综合实力，使其能更好地履行文献科研服务机构的职责，同时更好地肩负起社会赋予现代图书馆的重要使命。

参考文献：

[1] 许丹，陈斯斯，徐爽，等. 泛在知识环境下医学图书馆面向附属医院的嵌入式学科服务模式 [J]. 中华医学图书情报杂志，2017，26（7）：69-73.

[2] 于雪飞，张贺. 高校图书馆数字资源推介服务模式探索 [J]. 商业经济，2017（9）：174-176.

[3] 徐春，张静. 高校图书馆信息素养教育讲座培训现状及对策 [J]. 中华医

学图书情报杂志，2018，27（5）：75−80.

［4］丁玉东，许子媛，张春峰. 高校图书馆预约讲座服务模式的改进与思考［J］. 图书馆工作与研究，2018（9）：119−123.

［5］罗梅兰. 新媒体环境下高校图书馆读者培训工作的困境与对策［J］. 大众科技，2015，17（11）：149−151.

［6］张以舒. 医学院校图书馆对医院开展嵌入式学科服务可行性探讨［J］. 医学信息学杂志，2016，37（9）：83−85.

［7］Fullard A. Using the ACRL framework for information literacy to foster teaching and learning partnerships［J］. South African journal of libraries & information science，2016，82（2）：34−44.

［8］Swanson T. Sharing the ACRL framework with faculty［J］. College & research libraries news，2017，78（1）：12−48.

［9］Scott R E. Transformative integrative troublesome undergraduate honors student reflections on information literacy threshold concepts［J］. Communications in information literacy，2017，11（2）：283−301.

［10］Willson G，Angell K. Mapping the association of college and research libraries information literacy framework and nursing professional standards onto an assessment rubric［J］. Journal of the medical library association，2017，105（2）：150−154.

［11］刘彩娥，冯素洁. ACRL 的《高等教育信息素养框架》解读与启示［J］. 图书情报工作，2015，59（9）：143−147.

［12］王春生. 美国 ACRL《高等教育信息素养框架》简析［J］. 图书馆理论与实践，2016（4）：43−47.

［13］秦小燕. 美国高校信息素养标准的改进与启示——ACRL《高等教育信息素养框架》解读［J］. 图书情报工作，2015，59（19）：139−144.

［14］张艳英，刘昆，朱婕. 基于《高等教育信息素养框架》的信息素养教育创新实践［J］. 情报科学，2018，36（9）：62−67.

［15］陆春吉，任慧玲，孙奇，等.《高等教育信息素养框架》对我国医学信息检索课教学框架构建的启示［J］. 数字图书馆论坛，2016（7）：45−51.

［16］张蒂. 基于 ACRL《高等教育信息素养框架》的实践路径探讨——以南开大学图书馆为例［J］. 图书情报工作，2017，61（1）：47−55.

［17］Guth L F，Arnold J M，Bielat V E，et al. Faculty voices on the framework：implications for instruction and dialogue［J］. Libraries and the academy, 2018, 18 (4): 693-718.

[18] Miller S D. Diving deep: reflective questions for identifying tacit disciplinary information literacy knowledge practices, dispositions, and values through the acrl framework for information literacy [J]. The Journal of academic librarianship, 2018, 44 (3): 412-418.

[19] Schulte S J, Knapp M. Awareness, adoption, and application of the association of college & research libraries (ACRL) framework for information literacy in health sciences libraries [J]. Journal of the medical library association, 2017, 105 (4): 347-354.

[20] 陈宝生. 坚持"以本为本"推进"四个回归"建设中国特色、世界水平的一流本科教育 [J]. 时事报告(党委中心组学习), 2018 (5): 18-30.

[21] Srinivasan M, Weiner M, Breitfeld P, et al. Early introduction of an evidence-based medicine course to preclinical medical students [J]. Journal of general internal medicine, 2002, 17 (1): 58-65.

[22] Hyde S, Flatau A, Wilson D. Integrating threshold concepts with reflective practice: Discussing a theory-based approach for curriculum refinement in dental education [J]. Eurpeon journal of dental education, 2018, 22 (4): e687-e697.

[23] Neve H, Wearn A, Collett T. What are threshold concepts and how can they inform medical education? [J]. Medical teacher, 2016, 38 (8): 850-853.

[24] Baillie C, Bowden J A, Meyer J H F. Threshold capabilities: threshold concepts and knowledge capability linked through variation theory [J]. Higher education, 2013, 65 (2): 227-246.

[25] Thielen J. When scholarly publishing goes awry: educating ourselves and our patrons about retracted articles [J]. Libraries and the academy, 2018, 18 (1): 183-198.

[26] Miksad R A, Abernethy A P. Harnessing the power of real-world evidence (rwe): a checklist to ensure regulatory-grade data quality [J]. Clinical pharmacology and therapeutics, 2018, 103 (2): 202-205.

[27] April J S, Toni H, Alyssa P, et al. The Impact of library tutorials on the information literacy skills of occupational therapy and physical

therapy students in an evidence－based practice course: a rubric assessment [J]. Medical reference services quarterly, 2018, 37 (1): 43－59.

[28] 薛小婕. "双一流"高校图书馆学科与特色服务改革启示——以北京 4 所高校为例 [J]. 甘肃科技, 2020, 36 (19): 96－98＋19.

[29] 杨薇, 林静, 黄国凡, 等. 面向"双一流"建设的学科知识服务营销策略——厦门大学图书馆的实践 [J]. 大学图书馆学报, 2017, 35 (5): 74－79.

[30] 张豫, 张文谦. "双一流"背景下 ESI 学科评价服务现状调查研究——以西北五省"211"高校图书馆为例 [J]. 传媒论坛, 2019, 2 (17): 141－142.

[31] 孙瑞靖, 马晓, 杨双琪. "双一流"建设驱动下高校图书馆学科服务创新——以华中科技大学为例 [J]. 内蒙古科技与经济, 2018 (18): 111－112.

[32] 赵昕, 高珑, 王孝文. "双一流"背景下高校图书馆学科服务实践与思考——以西安电子科技大学图书馆为例 [J]. 兰台内外, 2019 (34): 53－54.

[33] 陈振英, 李懿, 田稷. "双一流"背景下高校图书馆学科决策情报服务探析——以浙江大学图书馆为例 [J]. 大学图书馆学报, 2019, 37 (2): 24－28.

[34] 杨婷, 丁丽丽. "双一流"建设背景下民族高校图书馆学科服务研究 [J]. 大学图书情报学刊, 2020, 38 (1): 52－55.

[35] 李彩虹, 安嘉璐. "双一流"建设背景下 InCites 新平台助力高校图书馆学科服务——以滨州医学院为例 [J]. 科技视界, 2018 (19): 12－15.

[36] 姚桂湘. "双一流"背景下欠发达地区高校图书馆如何搞好学科服务 [J]. 赤子, 2019 (29): 161.

[37] 黄娜, 谭亮. "双一流"建设背景下构建地方高校图书馆学科服务体系的若干思考 [J]. 河北科技图苑, 2019, 32 (6): 54－59.

[38] 秦顺, 曾湘琼. "双一流"与地方高校图书馆学科服务建设现状分析及优化策略 [J]. 图书馆研究与工作, 2019 (1): 87－92.

[39] 徐春, 张静, 杨琴. 高校图书馆信息素养教育微课程建设现状及发展对策研究 [J]. 情报探索, 2020 (12): 90－96.

[40] 刘晓凤, 秧茂盛. 基于微信的高校图书馆学科精准服务初探——以医学

专业为例 [J]. 内蒙古科技与经济，2020（3）：95+99.

[41] 李慧，韩扣兰，李颖，等. 基于微信公众平台的阅读推广研究——以江苏医药职业学院图书馆为例 [J]. 内蒙古科技与经济，2019（14）：85－86+152.

[42] 张予涵，杨文军. 面向医教研信息共享的医学高校图书馆情报服务应用研究 [J]. 中国中医药图书情报杂志，2016，40（3）：35－37.

[43] 解育静. 微信公众平台服务下的碎片阅读——医药图书馆资源共享功能的初探 [J]. 河南图书馆学刊，2016，36（6）：93－94.

[44] 王聪，邱宇红. 微信平台在医学院校图书馆阅读推广服务中的应用 [J]. 中华医学图书情报杂志，2016，25（12）：57－60.

[45] 陈春燕. "5G+融媒体"驱动下高校图书馆真人阅读服务研究 [J]. 出版广角，2020（2）：60－62.

[46] 李洁. 5G+高校图书馆微服务研究 [J]. 江苏科技信息，2020，37（24）：5－7.

[47] 刘奕. 5G网络技术对提升4G网络性能的研究 [J]. 数码世界，2020（4）：24.

[48] 孟立华. 3G技术在高校数字图书馆中的应用浅析 [J]. 科技情报开发与经济，2012，22（22）：62－64.

[49] 杨洋. 5G时代高校数字阅读推广创新模式探索 [J]. 江苏科技信息，2020，37（17）：15－17.

[50] 刘恩泽，罗彬. 5G时代高校智慧图书馆变革探究 [J]. 图书馆学刊，2020，42（1）：9－12.

[51] 赵丹妮. 5G时代基于创客空间高校图书馆进行创新素养教育的新举措 [J]. 吉林工商学院学报，2020，36（4）：124－126.

[52] 李云. 5G时代下高校图书馆信息服务模式研究 [J]. 黑龙江科学，2020，11（8）：76－77.

[53] 徐军玲，徐荣华. 浅议5G技术与高校图书馆信息服务变革 [J]. 兰台世界，2020（12）：124－126.

[54] 王东亮，罗雨舟，杨友清，等. 国内图书馆用户画像研究综述 [J]. 新世纪图书馆，2020（2）：87－92.

[55] 刘速. 浅议数字图书馆知识发现系统中的用户画像——以天津图书馆为例 [J]. 图书馆理论与实践，2017（6）：103－106.

[56] 吴智勤，李萍. 大数据情境下高校图书馆科研用户画像构建策略研究

[J]．江苏理工学院学报，2019，25（6）：117－121.

[57] 晁明娣．面向图书馆精准服务的用户画像构建研究［J］．图书馆学刊，2019，41（4）：106－111＋130.

[58] 吴智勤．面向知识创新的高校图书馆科研用户画像模型构建［J］．办公自动化，2019，24（23）：55－56＋30.

[59] 刘芳，朱沙．基于读者画像的高校图书馆精准服务研究［J］．大学图书情报学刊，2020，38（1）：73－75.

[60] 李雅．基于读者用户画像的高校图书馆精准化服务研究［J］．农业图书情报学刊，2018，30（12）：108－111.

[61] 李业根．基于大数据的图书馆信息营销策略［J］．图书馆学刊，2014，36（10）：7－9.

[62] 袁军．大数据环境下用户画像在高校图书馆的应用研究［J］．图书馆研究与工作，2019（6）：22－26.

[63] 张利芳，吉家凡，覃丽金．基于学科服务的阅读推广模式思考——以海南大学图书馆为例［J］．科技情报开发与经济，2013，23（8）：52－54.

[64] 邱小芳．阅读推广背景下高校图书馆阅读空间构建研究［J］．河南图书馆学刊，2017，37（12）：48－49＋55.

[65] 单雪刚．数字人文时代图书馆经典阅读空间构建研究［J］．图书馆学刊，2017，39（7）：86－89.

[66] 沈娟．浅谈如何打造愉悦的阅读空间——新加坡图书馆空间设计的启示［J］．科技情报开发与经济，2015，25（5）：62－63＋71.

[67] 罗惠敏．图书馆"泛阅读空间"研究［J］．图书馆论坛，2015，35（3）：30－35.

第五章　医学图书馆学科服务趋势与展望

第一节　智慧图书馆背景下的学科服务展望

一、智慧图书馆建设

（一）智慧图书馆建设背景

信息时代伴随着现代科技的高速发展，也让知识服务产生了巨大变革。随着物联网、云计算、大数据、无线移动通信等重大技术兴起，带来了强大的信息化环境，各类型图书馆陆续开始进行智慧图书馆的建设，特别是一些高校图书馆依托于高校信息资源，积极探索智慧图书馆建设模式。但是目前智慧图书馆的建设并没有形成统一的标准、概念共识，如果缺乏系统指导与全局规划，容易造成智慧图书馆建设的混乱。

我国学界对智慧图书馆的关注始于 2000 年，学者们主要从建筑与技术的角度讨论图书馆的系统实施，或是研究 RFID 在图书馆的应用、一站式搜索服务、移动数字图书馆服务、数据挖掘等。但是由于对智慧图书馆的研究总体上处于初始阶段，学者们对其概念尚未形成共识。2003 年，芬兰奥卢大学图书馆的艾托拉首次提出了"智慧图书馆"（Smart Library）概念。而智慧图书馆概念真正被广泛接受是在 2008 年 IBM 提出"智慧地球"之后，相关的"智慧城市""智慧图书馆"等概念也成为研究热点，引起了广泛关注。目前，国内外学术界对于智慧图书馆的理论研究有百家争鸣之势。对于"智慧图书馆"的内涵、定义、建设方式很多学者也形成了各自的流派。图书馆作为文献信息中心和情报中心，将智慧理念融入图书馆建设对辅助全民阅读、建设书香中国、支撑科研教学、服务社会有着深远的意义。因此，应进一步深入研究综合性智慧图书馆的构建，使智慧图书馆的建设有章可循。

（二）智慧图书馆建设存在的问题

1. 缺乏系统规划

国内图书馆界或相关行业尚未形成统一的智慧图书馆架构体系，各类型智慧图书馆的建设按照实际情况自主推进，并无整体性的系统规划。不同功能图书馆、不同区域对智慧图书馆的认识并不一致，所以各智慧图书馆建设所包含的重点内容往往不同。缺乏统一规划容易造成很大的盲目性，在智慧图书馆项目的建设中容易出现贪多求快或因实用性不强项目半途而废造成资源浪费等现象。因此，仅靠智慧图书馆的概念和建设热点跟进推动智慧图书馆的建设，无法充分激发建设的积极性和创造性，导致各类型智慧图书馆建设缺乏可持续性。

2. 经费与技术支撑力度不够

建设智慧图书馆必须有大量的资金与技术支持，但很多图书馆的经费本身比较紧张，且信息化设施和现有技术都难以支持，造成了智慧图书馆发展的不平衡。另外，知识产权、隐私信息、个人信息的保护需求日益增大，配套的技术却难以跟上。目前我国智慧图书馆建设基础与水平参差不齐，信息壁垒严重。各类型图书馆之间、图书馆与数据商之间、各大数据库之间如果不能进行广泛的资源共享、数据交换、业务合作，那么智慧图书馆就难以形成泛在服务，也就无法为广大公众提供普惠智慧服务。

3. 智慧馆员培育滞后

由于智慧图书馆建设正处于发展期，往往在现有信息化基础上进行升级，并依靠外部运营商与数据商进行建设，缺乏成熟的智慧图书馆复合型专业馆员，只是由多数馆员在各自专注的领域分包智慧图书馆建设的各项业务。现有的馆员人才培养中也少有指向性的智慧图书馆复合型馆员培训与培养。因此，智慧图书馆建设在未来还需要在培育专业化智慧图书馆复合型人才方面加强重视程度。

4. 缺失与传统图书馆模式的协同

很多智慧图书馆建设只是在高度信息化、电子化的背景下对传统图书馆模式进行替代性再造，过分依赖于信息技术的利用，将智慧等同于智能，偏重于强调技术突破，传统纸质图书盲目地被替代，电子资源快速扩张，移动设备的碎片化阅读和快阅读日渐流行。对读者缺乏相应的阅读指导与价值牵引，很容易造成图书馆自身价值的偏离，导致图书馆建设的根基不稳，造成图书馆文化传播与人文精神培育方向的重要功能逐渐弱化，不利于社会人文精神的培育，对社会大文化建设形成阻碍。

（三）智慧图书馆的三维结构模型

综合目前的智慧图书馆建设现状，可以在研究基础上，借鉴霍尔三维结构系统思想，将复杂的系统工程进行重构，对智慧图书馆建设进行功能细分与分步实施。构建包括时间维、逻辑维、业务维的智慧图书馆三维结构模型，体现建设的主要内容与建设过程之间的时间与逻辑关系，为智慧图书馆建设提供理论框架，促进智慧图书馆的深入研究与功能细化，从新的视角推进智慧图书馆建设。

霍尔三维结构模型是美国系统工程专家霍尔于 1969 年提出的一种系统工程方法论，又称霍尔的系统工程，它的出现为解决大型复杂系统的规划、组织、管理问题提供了一种统一的思想方法。

霍尔三维结构模型将复杂的系统工程转化为立体的三维空间，直观地将整个智慧图书馆系统工程的组成用时间维、逻辑维、业务维刻画出来。通过时间维与逻辑维结合，逻辑维与业务维结合，时间维、逻辑维与业务维结合，将各维度具体内容嵌入基本结构框架，可以构建完整的智慧图书馆三维结构模型（如图 5-1-1 所示）。该模型展示了智慧图书馆建设的基本框架，明确了智慧图书馆建设的阶段、步骤、重点建设内容。同时，智慧图书馆建设并非一蹴而就的短期项目，而是长期连贯的，因此在建设中涉及各类信息技术、网络平台、数据资源等技术型因素，需要在建设初期进行基础技术与基础数据的统一顶层设计规划。

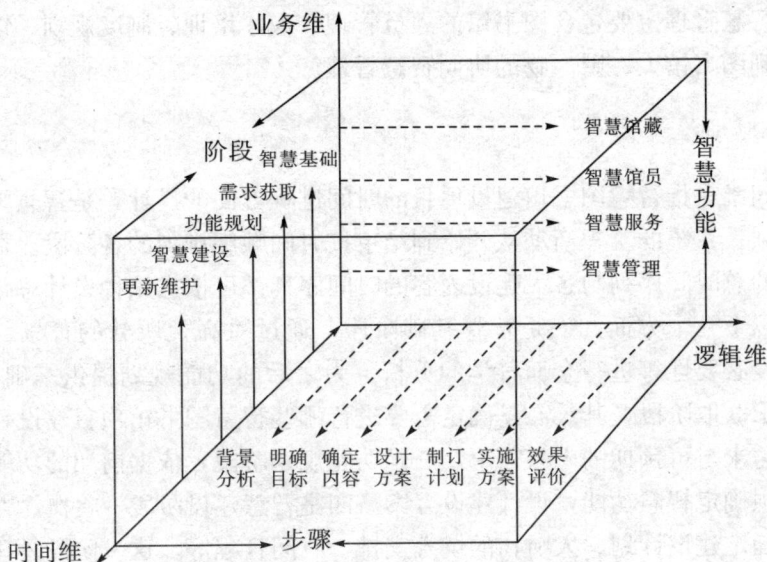

图 5-1-1　智慧图书馆三维结构模型

1. 业务维设计

业务维设计的重点是确定建设内容。智慧图书馆建设中的业务是建设过程中所需要处理与完成的工作，即智慧图书馆建设的重点内容。这是整个建设规划中的重要部分，也是业务维的核心内容。在业务维设计中需要根据图书馆的实际情况合理选择智慧应用功能，以形成全面系统、概括性的建设内容。

在现代图书馆发展面临新局面、多挑战、多任务的情况下，智慧图书馆建设将是推动图书馆转型变革的一大助力。因此，借鉴现有的智慧图书馆功能，并融合传统图书馆基本职能与发展趋势，建设内容以智慧馆藏、智慧馆员、智慧服务、智慧管理四大板块为主，各板块可以进行更细致的功能划分。智慧馆藏主要涉及纸质及电子资源在采编过程中的技术化、系统化、科学化发展。如利用 RFID 智能图书管理系统实现馆藏资源的优化管理，使馆藏布局、馆藏服务、馆藏管理等业务更深入地向信息化、智能化方向迈进；智慧馆员则要求培育新一代的复合型馆员人才，在图书专业技术、学科服务、科研教学方面更具有兼容性与创造性，为教学、科研等提供智慧服务，搭建起智慧图书馆从理论到实践的桥梁；智慧服务则包括图书馆的读者服务、文献信息服务、技术服务、学科服务等方面，开展个性化、网络化、信息化、实时化的服务，满足图书馆不同层次读者的知识与信息获取需求，使图书馆的服务范围更广，更具有深度；智慧管理主要包含图书馆的人员管理、人才培训、制度规划、馆内设施等，达到图书馆人、财、物的协同智慧管理。

2. 时间维设计

时间维是指智慧图书馆建设项目的时间进程方面的设计，是智慧图书馆这一项复杂、系统的工程活动从开始到结束按时间顺序排列的各阶段。智慧图书馆建设的总时间序列与各大建设内容的时间序列都可依据该种设计思路。其主要包括以下几个方面。一是智慧基础阶段，通过对高校所处的背景、建设基础、建设必要性等进行全面科学的分析，为之后的功能规划提供基础与参考。二是需求获取阶段，其核心是确定需要进行哪些智慧图书馆项目建设，充分调研现有需求与可预期的未来需求。三是功能规划阶段，依据前期的功能需求与设计思想确定智慧功能，设计建设方案。四是智慧建设阶段，将概念方案付诸实际，确定建设计划、人财物的统筹安排、时间日程等，这一阶段是智慧图书馆建设的核心阶段，也是建设目标最终实现的过程。五是更新维护阶段，在长期的使用中，检验智慧图书馆建设的成效，通过不断评估运行效果，进行智慧图书馆的完善与更新，使智慧图书馆对读者更具适用性。

3. 逻辑维设计

逻辑维是指时间维度内所要进行的工作内容和应该遵循的思维程序。按照大型系统工程逻辑步骤进行逻辑维的设计，使智慧图书馆建设过程条理分明、目标明确。其主要包括以下几个方面。一是背景分析，主要包括与智慧图书馆相关的人力、物力、资金，进行建设的可行性研究。二是明确目标，主要是为了正确地制定建设方案，对建设什么程度的智慧图书馆、需要哪些功能等重要问题对读者与高校管理层进行广泛调研，论证建设目标，使之后的方案制定与方案实施都有一定的指向性。三是确定内容，主要是确定智慧图书馆建设的核心内容，以此为中心点构建智慧图书馆的建设方案框架。四是设计方案，主要任务是将智慧图书馆建设的目标与原则、顶层设计、建设内容、方案框架、方案细节等形成作为后期建设依据的文件。五是制订计划，主要是对建设的时间节点、人财物的分配等拟订计划表。六是实施方案，对之前的计划方案进行落实，并在落实的过程中对方案进行适时的调整与修正，确保建设目标的实现。七是效果评价，主要包括智慧图书馆投入使用后的持续监控与完善，对于出现的问题以及需要更新的功能都要进行预估与新方案准备，以推进智慧图书馆的不断完善。

二、智慧图书馆与学科服务的融合重构

大数据带来了跨时代的技术变革，同时引发了图书馆服务理念、态度及其思想的深刻革命。虽然随着信息技术与图书馆的日益融合，智慧图书馆的建设成效显著，但是提升智慧图书馆建设水平仍旧任重道远。智慧图书馆背景下的智慧学科服务需要从信息视角出发，整合信息资源、优化学科服务平台结构、加强学科信息挖掘力度、重视信息安全维护等。融合智慧化的学科服务需要稳步依托基础条件，基于用户的学科服务需求与学科服务平台的功能需求，从大数据与人工智能双驱动的视角构建包括数据资源层、技术处理层、信息管理层、智慧服务层的智慧型学科服务平台总体框架，推动图书馆学科服务创新，为读者提供专业的情报信息，助力图书馆为管理者者提供数据分析与决策参考。以智慧图书馆为基础，未来学科服务可以由个性化智慧服务、智慧学科馆员、多维信息资源协作、大数据平台组成智慧化学科服务体系，从而推动图书馆智慧学科服务的转型与升级。

第二节 基于医学信息敏感度的多维学科服务

医学专业本身具有科学性与社会人文性的综合特点，并且专业性强、研究方向广泛，同时伴随着社会发展与信息技术的进步，在过去几年，"大数据""人工智能""远程医疗"等产业兴起与发展，使医学的多学科融合性与前沿更新性更为增强，对医学图书馆学科馆员的业务能力与专业素质带来了越来越多的挑战。不仅如此，在2020年新冠肺炎疫情暴发的关键时期，高校教师对于专题科研信息的需求，学生在"停课不停学"状态下对于医学信息素养教育的需求，社会对于疫情发展的信息获取需求等，提示了医学学科服务在面临应急需求与关注信息敏感性方面的问题，在紧抓趋势前提下提供多维按需服务是医学图书馆需要思考的方向。本节基于成都医学院图书馆在特殊时期学科服务与教育实践工作，为学科馆员未来业务能力发展提供思考。

一、新冠肺炎疫情时期学科服务实践

2020年初突如其来的新冠肺炎疫情打乱了正常的生活、工作节奏，高校延迟开学，为图书馆工作的创新开展带来了不少机遇与挑战。首先，这一时期正是国家自然科学基金项目、国家社会科学基金项目以及省部级等科研项目申

报时期，尤其与新冠肺炎疫情相关的课题项目，受到学校教师的关注，亟须相关项目前期查新与文献支持等服务，因此在已购数据资源访问不便的情况下，成都医学院图书馆学科馆员综合利用 NCBI、ICTRP、Medscape、DOAJ、OpenGrey 等开放资源获取相关信息，进行信息传递与文献支持。其次，图书馆学科馆员担任学校各专业"医药卫生文献信息检索"课程的授课任务，在特殊时期以录制教学视频结合线上直播的形式进行，而新冠肺炎疫情的发生、发展与医学专业息息相关，正是信息素养教育的最佳案例，从新冠病毒传播、新冠肺炎病程发展、国家诊疗指南、传染病预警机制等方面，面向基础医学、临床医学、药学、公共卫生与护理等各专业医学生进行相关信息获取与评价、文献检索、前沿信息挖掘等讲授，让学生对所学专业与文献检索课程有了更直观、更切实的领悟。再次，特殊时期需要保证培训、讲座计划的顺利完成，学科馆员充分利用线上手段，通过哔哩哔哩平台、西瓜视频等视频网站，开展新冠肺炎相关信息获取与评价内容的讲座，针对弹幕提问线上及时答疑，在线收看人数逐次递增，并在后期将培训视频免费公开，受到来自各行业领域观众的关注与好评。最后，延迟开学时期同样也是学校一年一度的"阅读文化节"开展时期，2020 年图书馆"阅读文化节"采取了线上方式，并与新冠肺炎疫情时势紧密结合，推出"最美声音——抗疫日记朗读""最美记录——疫情期间随手拍""医学文学作品阅读交流"等活动，旨在促进医学生使命感，坚定学医信仰。

二、基于信息敏感度的多维学科服务设计

医学信息价值的敏感度，即对医学领域重大事件的信息捕捉能力和筛选能力。通过新冠肺炎疫情期间成都医学图书馆学科服务实践的工作成效与用户反馈，未来的学科服务需要基于医学信息热点事件与前沿发展开展多维度学科服务支持，提升学科馆员自身对信息的敏锐洞察力和判断力，体现学科服务价值与可持续发展潜力。

（一）科研服务

对相关医学热点事件的及时关注与追踪，决定了科研服务的质量与用户认可度。学科馆员对于医学信息与医学重大事件的敏感程度越高，就越能捕捉到信息中所隐含的内部信息和内部特征，从而为学科服务发展提供基础信息保障和前沿热点支持，提高科研建议的采用价值。并且在面对医学信息热点问题时，学科馆员需要利用专业优势，具备足够的信息批判能力和对内部信息的深

入挖掘能力，为科研团队或专家提供他们尚未关注到的热点，或是他们想要了解但尚为找到获取途径的信息。对前沿热点信息经过整合和筛选，能够提升用户信任，从而促进学科服务的有序良性发展。

（二）资源建设

馆藏纸质及电子资源建设，尤其在各馆的特色资源建设中，融入对医学热点事件的考虑，也能够体现馆藏建设的个性化。例如基于"物联网远程医疗"的兴起，与相关院系合作参与物联网健康服务平台建设，提供数据与技术支持；基于新冠肺炎疫情，采购相关书籍，并推荐相关 OA 资源信息平台链接，同时延伸到传染病或公共卫生领域等公共平台推荐；基于国家的中医药发展战略，同时也配合西医院校医学生的中医教学需求，开辟专门的中医药书籍、期刊阅览与借阅区，丰富中医药馆藏储备。以上资源建设在前期论证阶段时，需要在调研需求的同时尽可能融入热点，体现专业关注，才能更好地提升用户体验。

（三）培训教育

培训教育包括两个方面：一方面是针对本校学生的医学信息素养教育；另一方面是公开培训讲座，可以面向院系教师、附属医院及协同单位的工作人员，还可以选择性地向社会免费开放。虽然培训教育对象有差异，但培训内容必然和医学信息文献获取与评价相关，因此对热点的提及与关注关系到培训者的专业素养与培训教育效果。不论是医学生、医学工作者还是社会人士，在特殊时期都会提高对关系到自身专业领域与自身生命健康的医学大事件的关注度与兴趣。而在培训教育过程中融入热点前沿，尤其是经过专业整合与分析后的热点信息，在提升信息素养教育成效与用户满意度方面大有裨益。

（四）文化宣传

各级图书馆都肩负着文化推广与文化宣传的使命，尤其"全民阅读"时代的到来，阅读文化更深入人心。在文化宣传工作中与社会热点事件融合，更能够促进阅读推广工作落入实处。例如新中国成立七十周年时，专门开辟红色阅读区，推荐红色文化相关书籍，举办"我和我的祖国"油画艺术展；再如新冠肺炎疫情期间配合《鼠疫》《霍乱时期的爱情》《病毒来袭》等文学作品的阅读推荐，整合传染病健康教育等相关信息并利用微信、微博平台发布，让读者在特殊时期深入思考，并提升健康文化素养。

第三节 "老龄化＋少子化"时代养老与
老年健康特色学科服务

全球范围内的"大健康"产业迅速发展，而老年人的健康问题更是与国家发展、社会和谐息息相关。目前中国社会的"少子化"状态加速了中国社会老龄化进程，随着全面建设小康社会关键阶段的到来以及老年医疗需求与现状不平衡等问题的凸显，关注老年人的健康、做好老年疾病的防治结合工作已然成为缓解家庭乃至社会负担的重要课题。伴随近几年的"健康中国"战略的提出和逐步实施，对老年慢病预防为主、中西医并重、防治结合是我国老年人健康工作的主要方向，这就对国家层面及相关机构系统提出了促进健康老龄化和增强老年人自我保健能力的要求；而专业信息数据的科学整合及社会共享是提升专业人士实践水平、增强老年及亲属群体自我保健能力的有效手段。目前对于老年慢病医养，尤其是与其中"医"相关的心血管疾病、神经系统疾病、内分泌系统疾病、骨关节病等慢性疾病的临床治疗经验及学术成果极为丰富，足以达到大数据分析工作中的样本量需要，但这些成果一直处于分散的状态，并无系统的梳理与整合，数据循证价值没有体现；将老年慢病医养信息由专业人士经过采集、梳理、规范、挖掘、评价推荐后，录入专项信息平台，并在一定程度上实施开放获取，会更有利于专业学者与社会人士对相关知识信息的掌握，从而有效指导实践；同时老年慢病医养信息平台的建设也应紧跟时代背景，符合目前社会注重老龄问题的大形势，并为老年医学学科发展提供支撑。

一、国内外养老信息服务研究动态

（一）国内外老年医养工作进展

老年医养实践工作中，与"医"相关的成果充足，国内外对于各种老年慢性病治疗的各种临床报道丰富、临床手段多样，但相关网络平台、App 等还暂时处于尝试阶段，而且多以新兴发展的远程诊疗平台为常见，几乎未见经过医学情报学专业人士系统梳理与整合的专门老年医养知识信息平台。对于老年医养实践中"养"的工作，目前在各个国家多以慢病管理模式发展进行，国外的老年慢病管理工作发展较早也更完善，美国和日本的长期护理产业一直呈现逐年递增趋势。其以预防为主，重视网络和医疗科技的应用，利用平台信息为老年人提供便捷的健康知识宣传。此方式在解决社会老龄化问题上提供了有效手段。而对于老年具体慢病的养护，例如老年痴呆，在干预工作中就施行了一系列平台及家庭健康教育和宣传；对于慢阻肺的管理，不仅从药物管理、非药物管理、社区管理、保健与护理方面多管齐下，更是加强肺康复和氧疗等非药物手段的健康信息指导。我国在老年慢病管理这一方面起步稍晚，不过也有相应的试点工作，多集中在养老区的设立、居家医养模式等，出现了比较创新的中医健康平台的研究工作，在方便快捷的同时实现了老年高血压人群的动态辨证施护，受到老年人及亲属的好评。这些是利用信息平台进行健康管理的较成功案例。

（二）国内外老年医学信息平台探索

社会老龄化已然成为一种全球发展趋势，人口老龄化也对相关机构系统提出了促进健康老龄化和增强老年人自我保健能力的要求，因此现阶段很多国家已经开始重视利用互联网、计算机技术、人工智能来解决老年健康、医疗等现实问题。国外一项研究显示，老年人本身对于健康和自我护理的相关领域极为关注，但知识方面有限，因此可以将这些领域整合在互动信息和通信技术平台中，方便日常健康管理与护理，促进健康老龄化。德国的一项网络药物信息平台显示其可以增强患者知识、帮助患者自我药物管理以及改善医患之间的交流，如果加强及时准确的信息录入更新及患者参与，平台功能将会更强大。针对平台信息专业度及时效性，另外一项有关阿尔茨海默病的信息平台调研也显示出平台信息的及时性、满足特定人群需求及指导日常管理行为是实现平台与人交互的关键所在。但是上述研究还处于调研和改善阶段，深入性的实践工作尚未见报道。国内对于老年人相关信息平台研究也尚处于探索阶段，武汉大学社会保障研究中心的学者将人工智能与老年健康管理相结合进行了思考，主要面临的价格壁垒、专业人才缺乏、信息孤岛等问题明显，国内其他一些学者提出的信息平台模式也集中以"医疗保障""健康档案""护理质量管理"为主，其中涉及的医学伦理及隐私问题比较棘手。虽然有关养老或老年医学信息平台在国内外还处于构想与起步阶段，但大众化的健康信息平台发展在国外已有历史，其中涉及的信息数据整合统计与平台建设多有图书馆学科馆员的深度参与，例如美国、澳大利亚、新西兰等国家医学院校图书馆面向社会普通公众开展健康公益性服务，其中包括在移动软件、社交网络平台等支持下提供公益性的临床决策支持、患者教育及预防医学等信息；再如巴黎第五大学医学图书馆向公共卫生数据库提供医学数据支持，美国得克萨斯大学 Moody 医学图书馆专门建立了生命健康信息支持中心，为本地区的医学信息资源共享做出贡献等，可以为医学图书馆开展养老信息服务提供参考与借鉴。

二、以养老信息服务深化学科服务

综合当前背景与既往研究发现，国内外老年临床医学或养老相关工作，已有丰富且扎实的实践基础，经验及成果数据量大，但这些丰富的数据几乎没有经过统计、整合、挖掘，未能够充分发挥其强大的信息情报价值。而目前老龄化社会的加速发展，使得社会对老年健康问题日趋重视，除了以政策加大对老年人的医疗、养老保障工作之外，还需要加强专业人才队伍的培养，以及发动社会群体力量参与到老年人的养老健康工作中去，而不论是专业人才的培养还是提升老年人及亲属自身的医养意识与能力，都离不开信息知识的宣传学习，因此采取构建老年医学信息平台，公开展示、传播科学的、规范的、前沿性的信息知识，并配合专业人员的养老知识宣讲教育工作，不失为提升全社会老年医养知识水平与能力的有效途径。而且综观国外老年慢病管理服务或社会性的健康信息服务，重视网络和医疗科技的应用，利用平台提供健康信息指导，在日常生活中能够有效提高老年人及相关群体的医疗健康素养，减少或降低慢病、突发病或不良生活习惯带来的恶性发展。医学图书馆学科馆员的外延学科服务，可以将养老信息服务作为思考深化点。

（一）搭建信息平台

在全社会需要面临提升老年医养知识储备与信息素养的趋势下，搭建系统、规范的信息平台，通过具备医学专业知识与信息情报素养的学科馆员采集、整理、统计老年医养相关信息，具有权威性、客观性与规范性的突出优点。公开的信息平台与经过统计学处理的数据，可以辅助指导临床相关医护人员，也方便社会群体进行老年日常健康管理与医学参考，从而产生极大的社会效益：①规范老年医养信息体系。老年人及亲属群体其实对医养相关信息，尤其是中医养生、自我保健的内容具有极大的兴趣和关注度，但目前信息市场鱼龙混杂，确实存在一些不良商家借医学名号虚假宣传、唬骗老人，造成不良社会影响和对当事人的困扰，这是有关老年医养信息内容缺乏系统整合与规范造成的弊端。因此老年医养信息平台模式以高质量的大数据为支撑，通过规范、统计、系统整合建立完善的相关知识体系。其整合并传播的相关信息可进一步提升老年人及家属的信息素养与防伪能力。②促进卫生资源优化。一直以来，我国医疗卫生事业不断改革，但仍需进一步完善，城乡卫生资源仍然分配不均，公立医院和专家资源多在大城市聚集，做好医疗信息建设及宣传是缓解这一问题简便有效的措施之一，而构建开放的老年医养信息平台并进行有效宣传，加强其指导作用，不仅可以为乡镇卫生院、村卫生室及社区医院等基层医疗机构医护人员提供相关临床参考，促进卫生信息资源在基层发挥作用；还可以指导现阶段卫生资源较缺乏地区的老年人进行一系列自我养老健康管理，提升生活质量。③促进老年学科的发展与专业人才培养。伴随老龄化社会趋势的发展，目前各个高校非常重视老年医养相关学科专业人才的培养与学科的发展，而专业人才的培养不仅需要书本上的内容还需重视前沿信息的获取、相关知识内容的充实；学科的发展也不能局限在学校内部，需要"走出去"，了解其他机构、社会实践以及国内外的有利信息。而基于老年医养研究方向同时具备医学属性与社会人文属性的交叉融合特点，相关信息存在知识网罗度广、涉及内容分散、信息的医学与人文属性之间交融不完善等问题，老年医养信息平台应将国内外的、前沿的、有实践基础的信息整合利用起来，为社会人才培养及高校学科信息规范化发展提供辅助力量。

（二）信息素养教育

随着社会的进步、信息技术的飞速发展以及互联网的普及，各类社交媒体应运而生且成了人们不可或缺的"纽带"。很多老年人也与时俱进，逐渐开始热衷于通过网络平台、微信、QQ等交流并获取信息。而正是由于老年人群的壮大，海量的用户群催生着新的商机，一些营销手段伴随着大量谣言、虚假信息，老人们没有经验，心地善良，容易相信假话，更容易陷入信息陷阱。尤其当人们在对疾病、医学、健康等相关信息有迫切需求时，不仅仅是老年群体，老年人身边的亲属、朋友同样会因为"病急乱投医"的心理被一些不良商家借医学名号的虚假宣传与营销手段唬骗。因此，加强老年群体乃至全社会对于网络信息尤其是医药卫生信息的辨别能力，同样是医学学科馆员的社会责任，是医学学科服务外延的社会价值。医学图书馆学科馆员可以利用专业背景优势与信息素养教育经验，联合区、市图书馆或老年机构，通过定期讲座、培训及社区活动的形式输出信息素养教育内容，切实教给老年人及身边亲属辨别真伪信息的方法，通过案例提醒虚假、诈骗信息特点，并介绍权威、规范医药卫生信息的获取途径，也可以将经过整合处理后的养老信息印制成册，发放宣传。良好的信息素养教育可以提升老年人对信息的获取与鉴别能力，而科学、实用的养老与老年健康信息是促进老年人加强身心健康与提高生活质量的有效手段之一，同样也为医学学科服务提供了更多内容。

参考文献：

[1] 张沁兰，易雪媛. 基于霍尔三维结构的高校智慧图书馆构建 [J]. 中华医学图书情报杂志，2017，26（8）：50－53.

[2] 王静芬. 国内智慧图书馆主流研究及研究趋势 [J]. 图书馆研究，2017，47（1）：5－9.

[3] 郑怿昕，包平. 智慧图书馆环境下馆员核心能力研究 [J]. 图书馆理论与实践，2017（1）：7－11.

[4] 李雯. 基于用户需求的图书馆资源建设模式 [J]. 中华医学图书情报杂志，2016，25（10）：66－68.

[5] 塔程程. 基于学科服务的高校智慧图书馆创建的策略 [J]. 吉林化工学院学报，2020（2）：72－74.

[6] 董同强，马秀峰. 融入"双一流"建设的高校图书馆智慧型学科服务平台构建 [J]. 现代情报，2019，39（5）：97－103.

[7] 董同强，马秀峰. 融合与重构：一流学科建设中高校图书馆智慧型学科服务平台的设计 [J]. 国家图书馆学刊，2019，28（3）：54－62.

[8] 吴园秀，罗铁娇，罗文华. 老年慢性病患者实施医养结合的实践与效果 [J]. 现代医院，2014，14（3）：149－151.

[9] 林培森，杨衍铭，陈冬日. 家庭医生式服务在老年人慢性病健康管理中的应用效果评价 [J]. 慢性病学杂志，2017，18（1）：2－4.

[10] 艾亚婷，彭锦，方锐，等. 中医健康管理平台在老年社区原发性高血压辨证施护中的应用 [J]. 中西医结合心脑血管病杂志，2016，14（1）：66－68.

[11] Göransson C，Wengström Y，Ziegert K，et al. Perspectives of health and self－care among older persons：to be implemented in an interactive information and communication technology－platform [J]. Journal of clinical nursing. 2017，26（23－24）：4745－4755.

[12] Bernhard G，Mahler C，Seidling H M，et al. Developing a shared patient－centered，web－based medication platform for type 2 diabetes patients and their health care providers：qualitative study on user requirements [J]. Journal of medical internet research. 2018，20（3）：e105.

[13] Werner N E，Stanislawski B，Marx K A，et al. Getting what they need

when they need it. Identifying barriers to information needs of family care givers to manage dementia—related behavioral symptoms [J]. Appl clin inform. 2017, 8 (1): 191-205.

[14] 赵红梅, 金英子, 常金良, 等. 基于"互联网＋医疗保障"的老年医疗保障问题的思考 [J]. 中国医学伦理学, 2019, 32 (7): 908-912.

[15] 向运华, 王晓慧. 人工智能时代老年健康管理研究 [J]. 新疆师范大学学报 (哲学社会科学版), 2019, 40 (4): 98-107.

[16] 李宏洁, 张艳, 余自娟, 等. 中国"互联网＋养老"发展现状及启示 [J]. 中国老年学杂志, 2019, 39 (12): 3075-3079.

[17] 俞梦盈, 裴彩利, 张峻, 等. 老年护理安全质量管理信息平台的构建与应用研究 [J]. 中华护理杂志, 2019, 54 (2): 175-181.